ensine a estudar...
aprenda a aprender
didática do estudo
V. 1

Santiago Castillo Arredondo

Professor de Universidade, Faculdade de Educação

Universidade Nacional de Educação a Distância – UNED

Luis Polanco González

Professor de Educação Secundária, Professor Titular

Universidade Nacional de Educação a Distância – UNED

tradução de

Sandra Martha Dolinsky

ensine a estudar...
aprenda a aprender
didática do estudo
V. 1

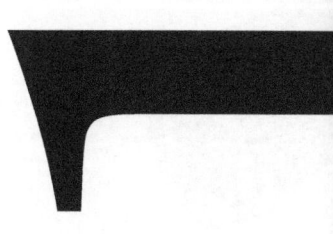

Rua Clara Vendramin, 58 . Mossunguê
CEP 81200-170 . Curitiba . PR . Brasil
Tel.: (41) 2106-4170
www.intersaberes.com
editora@editoraintersaberes.com.br

Conselho editorial
Dr. Ivo José Both (presidente)
Dr³. Elena Godoy
Dr. Nelson Luís Dias
Dr. Neri dos Santos
Dr. Ulf Gregor Baranow

Editora-chefe
Lindsay Azambuja

Supervisora editorial
Ariadne Nunes Wenger

Analista editorial
Ariel Martins

Revisão de texto
Schirley Horácio de Gois Hartmann

Capa
Denis Kaio Tanaami

Projeto gráfico
Bruno Palma e Silva

título original
Enseña a estudiar...
aprende a aprender
© 2005, Pearson
Educación, S.A.

direitos da edição
brasileira reservados à
Editora InterSaberes Ltda.

Foi feito
o depósito legal.

1ª. edição, 2012

Dados Internacionais de Catalogação na Publicação (CIP)
(Câmara Brasileira do Livro, SP, Brasil)

Castillo Arredondo, Santiago
  Ensine a estudar... aprenda a aprender: didática do estudo. volume 1 / Santiago Castillo Arredondo, Luis Polanco González; tradução de Sandra Martha Dolinsky. -- Curitiba: InterSaberes, 2012. Título original: Enseña a estudiar – aprende a aprender.
  Bibliografia.
  ISBN 978-85-8212-084-2

  1. Aprendizagem 2. Didática 3. Ensino 4. Métodos de estudo I. Polanco González, Luis. II. Título.

12-07759   CDD-371.30281

Índices para catálogo sistemático:
1. Estudo: Técnicas: Educação 371.30281
2. Técnicas de estudo: Educação 371.30281

Informamos que é de inteira responsabilidade dos autores a emissão de conceitos.

Nenhuma parte desta publicação poderá ser reproduzida por qualquer meio ou forma sem a prévia autorização da Editora InterSaberes.

A violação dos direitos autorais é crime estabelecido na Lei nº 9.610/1998 e punido pelo art. 184 do Código Penal.

sumário

Nota da tradutora para a edição brasileira, vii
Prefácio à edição brasileira, ix
Apresentação, xiii
Introdução, xv

unidade didática 1
bases psicopedagógicas da aprendizagem do aluno

1. Introdução, 23
2. Objetivos, 24
3. Conteúdos, 24
   3.1 A aprendizagem: trabalho intelectual do ser humano, 24 | 3.2 Teorias da aprendizagem, 29 | 3.3 Propostas metodológicas de aprendizagem, 40 | 3.4 Bases psicopedagógicas da aprendizagem escolar ou acadêmica, 52 | 3.5 Perspectivas atuais da aprendizagem, 59
4. Aplicações: da *formação... à prática*, 64
   4.1 Professor: Ensine a estudar!, 64 | 4.2 Aluno: Aprenda a aprender!, 65
5. Bibliografia, 65

unidade didática 2
didática do estudo: garantia da aprendizagem do aluno

1. Introdução, 71
2. Objetivos, 71
3. Conteúdos, 72
   3.1 A aprendizagem escolar ou acadêmica, 72 | 3.2 Os conteúdos procedimentais, 80 | 3.3 Estratégias de estudo e aprendizagem, 103 | 3.4 Didática do estudo, 108
4. Aplicações: da *formação... à prática*, 115
   4.1 Professor: Ensine a estudar!, 115 | 4.2 Aluno: Aprenda a aprender!, 115
5. Bibliografia, 116

unidade didática 3
a atividade do estudo: diagnóstico e planejamento

1. Introdução, 121
2. Objetivos, 122
3. Conteúdos, 122
    3.1 Conhecimento prévio: a avaliação do estudo, 122 | 3.2 Aspectos a serem levados em conta na execução do estudo, 133 | 3.3 Planejamento do trabalho/estudo pessoal, 141
4. Aplicações: da formação... à prática, 154
    4.1 Professor: Ensine a estudar!, 154 | 4.2 Aluno: Aprenda a aprender!, 154
5. Bibliografia, 155

unidade didática 4
a leitura eficaz: compreensão do texto escrito

1. Introdução, 159
2. Objetivos, 159
3. Conteúdos, 160
    3.1 Valor instrumental da leitura, 160 | 3.2 A leitura: atitude e aptidões, 162 | 3.3 A leitura eficaz, 167 | 3.4 Melhoria da eficácia de leitura, 173 | 3.5 Tipos de leitura, 191
4. Aplicações: da formação... à prática, 193
    4.1 Professor: Ensine a estudar!, 193 | 4.2 Aluno: Aprenda a aprender!, 194
5. Bibliografia, 194

Bibliografia geral, 196
Bibliografia na internet, 208

nota da tradutora para a edição brasileira

O sistema educacional na Espanha é composto de Educação Infantil (*Educación Infantil*), Educação Primária (*Enseñanza Primaria*), Educação Secundária Obrigatória (*Enseñanza Secundaria Obligatoria*), Bacharelado (*Bachillerato*), Formação Profissional (*Formación Profesional*) e Educação Universitária (*Educación Universitaria*), etapas distribuídas da seguinte maneira:

> Educação Infantil: de 0 a 6 anos, de caráter voluntário.
> Educação Primária: de 6 a 12 anos, de caráter obrigatório.
> Educação Secundária Obrigatória (ESO): de 12 a 16 anos. Após a conclusão dessa etapa, o indivíduo pode optar pela continuidade de seus estudos em Formação Profissional de Grau Médio (*Formación Profesional de Grado Medio*) ou Bacharelado.
> *Bacharelado*: dois anos de duração (16 a 18 anos), após os quais o formando pode ter acesso à Formação Profissional de Grau Superior (*Formación Profesional de Grado Superior*) ou à Educação Universitária.

Para total fidelidade às informações transmitidas nesta obra, optamos por manter a terminologia original referente aos níveis de ensino. Pelo fato de a correspondência não ser direta com nosso Ensino Fundamental, Médio e Superior, uma tradução de termos feriria a veracidade das informações e a aplicabilidade do material oferecido pelos autores. O leitor poderá sanar possíveis dúvidas no momento da utilização do material consultando este esclarecimento.

Também com a intenção de sermos fiéis ao texto original em espanhol, foi nossa opção preservar, no decorrer do livro, as referências a endereços de *sites* de instituições públicas e privadas espanholas que oferecem possibilidades de aplicação das propostas educacionais aqui abordadas.

Sandra Martha Dolinsky

prefácio à edição brasileira

É com muita satisfação que elaboro o prefácio de mais uma obra de autoria dos professores doutores Santiago Castillo Arredondo, catedrático do Departamento de Didática da Universidade Nacional de Educação a Distância – Uned (Madri/Espanha), e Luis Polanco González, professor orientador da Uned. A temática desenvolvida se insere na didática dos docentes que visa tornar os alunos cada vez mais conscientes do seu processo de autoaprendizagem em qualquer das duas modalidades de educação, presencial e a distância.

A abordagem resultou de um forte empreendimento teórico e metodológico que exigiu muito mais do que um processo de compreensão de conteúdos, mas de vivências realizadas com os alunos, como construtores dos conhecimentos que adquirem, para gerar projetos de vida diferenciados.

Desvendar os conteúdos e as práticas que se expressam não é tarefa fácil, uma vez que "apreender a aprender" exige sempre uma ação educativa semidiscursiva entre o docente, os orientadores acadêmicos e o aluno.

Como nenhum conhecimento é pronto e acabado, o professor deve exercer apenas o papel de mediador, que, explicitamente, não se refere à transmissão de conhecimento. A aquisição dos recursos no processo de aprendizagem, como explicitam os autores, resulta na formação que se opera nos modelos mentais de cada indivíduo.

Como então pensar a construção da aprendizagem? Por onde começar? Qual o referencial teórico capaz de nortear as bases psicopedagógicas da aprendizagem do aluno, que possam garantir uma didática capaz de enfrentar os desafios da sociedade atual? Teremos que optar por um novo paradigma educacional, que estimule o pensamento divergente e que, segundo os autores, possa ensinar a aprender a aprender sempre, uma das competências essenciais de acordo com a Unesco. Na horizontalidade de suas travessias, tanto os docentes como os orientadores acadêmicos devem se preocupar com as referidas competências de modo que os alunos ultrapassem todos os impasses de uma forma extremamente gratificante.

O Prof. Dr. Santiago Castillo procurou sempre desafios e itinerários difíceis. Este trabalho não é o primeiro e talvez seja o quarto que já utilizo há mais de dez anos. Com certeza fará outras produções científicas, uma vez que sua vida acadêmica é plena de impasses e de investigações que ele mesmo privilegiou, para realizar seu projeto profissional de educação: vivenciar por inteiro as questões dos estudantes e dos docentes, nas universidades da Europa Ocidental e da América Latina.

Como sua ex-aluna, assisto, desde 1990, às suas conquistas entre os acadêmicos nas disputas intelectuais. A importância do autor como cientista na área é imensa, uma vez que, mais do que escrever as obras de educação, ele luta cotidianamente por elas.

Curitiba, 30 de novembro de 2009.
Professora e Pós-Doutora Onilza Borges Martins
Consultora-Geral de EaD

dedicatória

A todos os **mestres** e **professores** que, antes de serem agentes da instrução, querem ser guias do esforço, facilitadores exigentes, orientadores do presente e do futuro e, definitivamente, **educadores** do potencial pessoal e intelectual de seus alunos.

Os Autores

EDUCAR

Educar é o mesmo
que pôr um motor em um barco,
é preciso medir, pensar, equilibrar,
e pôr tudo em marcha

Mas, para isso,
é preciso ter na alma
um pouco de marinheiro,
um pouco de pirata,
um pouco de poeta,
e um quilo e meio de paciência concentrada.

Mas é consolador sonhar,
enquanto se trabalha,
que esse barco, essa criança
irá muito longe pela água.

Sonhar que esse navio
levará nossa carga de palavras
para portos distantes, para ilhas longínquas.
Sonhar que, quando um dia
estiver dormindo nosso próprio barco,
em barcos novos seguirá nossa bandeira hasteada.

Gabriel Celaya

apresentação

Este livro que depositamos em suas mãos tem a pretensão de ser um material útil sobre técnicas de estudo. Já são muitos os publicados nos últimos anos, mas nunca serão demais, se cada um tiver contribuído para que alguém melhore o estilo de realizar os estudos. A maioria desses livros é voltada para o aluno, o estudante, o universitário, isto é, visam ajudar e orientar as pessoas *que estudam... os estudantes*.

Ao contrário, este livro tem a intenção clara de dirigir-se também aos *professores*, isto é, às pessoas *que ensinam*, em estreita relação com as que aprendem, os estudantes. Nossa pretensão é compartilhar com os professores os elementos formativos necessários para *ensinar a estudar*, a fim de transferi-los à execução do ensino curricular. Há um dado histórico a levar em conta: as tradicionais *técnicas de estudo*, com uma consideração e um tratamento extraescolares, até tempos recentes, alcançaram a maioridade, e, hoje, fazem parte do currículo escolar como *conteúdos procedimentais*.

Encontramo-nos diante de um novo quadro didático-normativo no qual a responsabilidade dos docentes sobre o tema ganha novas dimensões e requer novos comportamentos. O ensino do professor se amplia a conteúdos anteriores ou simultâneos aos conteúdos conceituais das matérias. Em outras palavras, o professor *também tem de ensinar a estudar*; tem de preparar o estudante para que saiba *de que modo, com que procedimentos* ou técnicas deve estudar e aprender os conteúdos que lhe explica, expõe ou ensina no trabalho habitual de todos os dias nas salas de aulas.

Os temas que desenvolvemos nas páginas seguintes são oferecidos aos professores para estudo e reflexão. Mas só terão sentido se nos aprofundarmos neles com os olhos voltados para os alunos que nos recebem todos os dias ao entrarmos em sala e para os colegas da equipe docente da instituição educacional, com quem podemos impulsionar o requerido tratamento curricular dos conteúdos procedimentais, mediante acordos de ação didática conjunta.

Hoje, podemos falar de uma *didática do estudo* como mais uma didática especial das quais o professorado necessita para o tratamento didático específico da área de conhecimento ou da matéria que ministra. *Saber ensinar os alunos a estudar* não é uma banalidade ou um assunto de pouca importância. Temos certeza de que o *ensino dos conteúdos curriculares procedimentais* representa a ação didática por excelência da função docente e contribui decisivamente para o desenvolvimento das habilidades e estratégias didáticas. O ato de *"ensinar a quem não sabe"* começa por ensinar aos alunos a primeira coisa que não sabem: *como se estuda para aprender*. E isso acontece da mesma maneira com uma criança ou com um adulto que ainda não sabe ler ou escrever e que precisa que alguém lhe ensine, ou com um aluno da educação primária ou do bacharelado que não sabe de que maneira ou com que procedimentos deve estudar um assunto específico para aprendê-lo.

A exposição dos temas que apresentamos não pode ser exaustiva para não superdimensionar a capacidade do livro. O desenvolvimento completo de cada tema há de ser complementado com a reflexão pessoal e em equipe, assim como com as contribuições da bibliografia tradicional ou atual.

Contam que uma mãe perguntou a Napoleão: "Quando deverei começar a educar meu filho para que seja tão grande quanto Vossa Majestade?". "Quarenta anos antes de ele nascer", respondeu Napoleão. Ou então: *"Educar é como plantar oliveiras: quem as planta não chega a colher as primeiras azeitonas"*. Pois aí está! As páginas seguintes são uma *semeadura* de inquietudes, uma *plantação* de sugestões, com o desejo de que *vinguem* nos docentes e *cresçam* nas salas de aula das instituições de ensino. No fim, todos juntos, teremos conseguido que os professores de hoje disponham da formação necessária para formar os alunos para o amanhã. Começa-se ensinando as bases pedagógicas instrumentais, prévias a qualquer outra aprendizagem, e acaba-se quando já se conseguiu fazer com que o aluno seja capaz de **aprender a aprender** por si mesmo.

Dr. Santiago Castillo Arredondo
Dr. Luis Polanco González
Madri, 31 de julho de 2004

introdução

1. Objetivos gerais

Com a utilização dos conteúdos propostos neste livro, pretende-se atingir **três grandes objetivos:**

1. Proporcionar aos *professores* o conhecimento das *bases psicopedagógicas* e dos *componentes didáticos do estudo*, para enriquecer e potencializar sua *formação profissional* como docentes;
2. Fornecer as *técnicas*, as *estratégias* e os demais *conteúdos procedimentais* fundamentais para que sejam objeto de aplicação nas aulas, segundo as circunstâncias de cada caso, em cumprimento à *prescrição normativa* e como um dos *compromissos profissionais prioritários* dos docentes;
3. Fazer com que o professorado *tome consciência da importância das técnicas de estudo* ou *conteúdos procedimentais*, para que, com a realização da aprendizagem escolar ou acadêmica, assuma a necessidade do correspondente *formato curricular* em sua prática docente e se comprometa a exigir *aplicações constantes*, até que consiga fazer com que seus alunos **aprendam a aprender** por si mesmos, de forma autônoma.

> *A elaboração de* **objetivos mais específicos e operativos** *fica a cargo de cada professor, que os determinará em função do momento e das circunstâncias de cada caso. Neste livro, proporcionamos elementos teóricos e de reflexão, recursos didáticos para a aplicação dos procedimentos, exemplificações, orientações, critérios de atuação etc., para que possam estabelecer objetivos de atuação a serem alcançados por seus alunos dentro dos projetos didáticos correspondentes. Em outras palavras, proporcionamos o vime para que cada um possa fazer seu cesto sob medida para o que precisar.*
>
> *O professor deve estar mais perto da clássica figura do* **boticário**, *capaz de preparar os medicamentos ou de elaborar fórmulas magistrais, do que do atendente de farmácia, que despacha ou vende os medicamentos elaborados por outros.*

De pouco valem ao professorado as *receitas* que outros lhe possam dar, se não for capaz de saber justificar sua aplicação e, principalmente, se não for capaz de *elaborar* as que realmente precisa aplicar com seus alunos!

2. Orientações para o estudo e a aplicação desta obra

Esta obra **não é um manual de estudo** propriamente dito. É um livro eminentemente prático, que começa fundamentando e assentando as bases teóricas ou experimentais das aplicações concretas que propõe. Nesse sentido, pode ser considerado, em parte, um livro que convida ao estudo, à reflexão e ao aprofundamento, antes de passar à prática das aplicações que sugere.

Com o objetivo de guiar o esforço que se deve realizar para chegar, de maneira eficaz, à intencionalidade e à compreensão dos conteúdos das unidades didáticas, propomos as seguintes orientações:

1. A **apresentação** e os **objetivos** são os itens que abrem cada unidade didática e devem ser objeto de atenção e reflexão especial por parte do professor-estudante. São o primeiro contato com o tema.

> A *apresentação* traz um **resumo** que antecipa os conteúdos fundamentais do tema.
>
> Nos *objetivos* são explicitados a intencionalidade e os propósitos que se pretende alcançar mediante o estudo, a reflexão ou a aplicação dos conteúdos. Os objetivos são formulados intencionalmente em uma dupla direção: aqueles que o professor deve alcançar e aqueles que o aluno deve alcançar com o ensino e a ajuda do professor.
>
> Os *objetivos* formulados estão em estreita relação com os **conteúdos** e as **aplicações** integrados em cada unidade didática.

2. O estudo dos **conteúdos** de cada unidade didática começa pela *apresentação* e termina na *bibliografia*, passando pela observação e análise dos *quadros, gráficos, mapas conceituais* etc. Isso quer dizer que **todos os tópicos** e **elementos de realce** ou **de reforço** da unidade didática visam facilitar o estudo e a compreensão de seu **conteúdo**.

Do conjunto das nove unidades didáticas da obra, as três primeiras têm um *componente teórico e normativo* que serve para justificar e fundamentar as seis restantes, *plenamente práticas e aplicáveis* ao desenvolvimento curricular das atividades habituais das salas de aula.

O estudo eficaz do conteúdo de cada unidade didática requer uma atitude dinâmica e esforçada para poder realizar o estudo racional e reflexivo, que passa pela seguinte sequência:

a. Buscar a *identidade de cada tema* e a relação de cada unidade didática com o resto das unidades, assim como sua aplicabilidade ao processo de ensino-aprendizagem em que está inserido;
b. Realizar uma *leitura exploratória* do tema em sua totalidade antes de entrar na reflexão e no aprofundamento de cada tópico;
c. Realizar um *estudo detalhado* dos diversos tópicos do tema, analisando e destacando os pormenores de seu conteúdo sob a perspectiva da prática docente;
d. Depois de um *estudo de compreensão e reflexão* das ideias fundamentais de cada tema, é muito aconselhável fazer uma *síntese pessoal*: *esquema, mapa conceitual, quadro sinóptico etc.*, com vistas às futuras aplicações;
e. Aproveitar todos os *elementos de reforço* oferecidos na exposição dos temas: *quadros, gráficos etc.*, analisando seus conteúdos;
f. Refletir individualmente e em equipe sobre a relevância do tema estudado e analisar as circunstâncias de sua aplicação no formato e no desenvolvimento curricular correspondente.

3. Com as **aplicações**, pretende-se que o professor-estudante elabore e execute em sua atividade docente habitual as ideias e as propostas desenvolvidas na unidade didática, enquanto ensina e ajuda o aluno a pô-las em prática em seu estudo diário, com a finalidade última de que este se torne, o quanto antes, autônomo e capaz de **aprender a aprender** por si mesmo.

> *Na execução das aplicações propostas, ou outras similares, tanto as referentes a professores como as indicadas para os alunos, reside, em grande parte, a **valia e a utilidade pedagógica desta obra**!*

4. A **bibliografia** é uma *fonte complementar de informação*, à qual o professor-estudante deve recorrer para *"aprender mais"*, ampliando conteúdos ou aprofundando-se nos já conhecidos. Independente da data de publicação, as contribuições de alguns livros não perderam atualidade e continuam sendo válidas em muitas de suas proposições. Do mesmo modo, os professores devem analisar e contar também com publicações que vão aparecendo na atualidade.

> UM ESCLARECIMENTO IMPORTANTE
> *Utilizamos intencionalmente a duplicidade escolar/acadêmico para deixar claro que os conteúdos procedimentais podem ser utilizados tanto nos primeiros níveis escolares quanto nos níveis superiores de universidades.*

3. Intencionalidade desta obra

Diziam os antigos que *"a última coisa na execução deve ser a primeira na intenção"*. Estamos habituados, na prática docente, a deixar a avaliação para o final, depois de terminar a atividade. Porém, a consecução da finalidade última deve estar presente desde o primeiro momento, mesmo que seja reativada no final na execução da avaliação, quando precisamos comprovar se atingimos aquilo a que inicialmente nos havíamos proposto. Essa é a razão pela qual um processo de avaliação deve ser elaborado e programado previamente, ao mesmo tempo que são elaborados e programados os processos de ensino e de aprendizagem (Castillo Arredondo e Cabrerizo Diago, 2003).

Nesse caso, a título de exemplo, apresentamos um modelo de **instrumento de autoavaliação**, um para os **professores**[*] e outro para o **alunos**[**], que, além de poderem ser aplicados ou executados no momento adequado, deixam bem claro qual é a **intenção** desta obra: **que o professor ensine a estudar e desenvolva conteúdos procedimentais para que o aluno, por sua vez, aprenda técnicas e procedimentos de estudo e aprendizagem.** Só nesse caso esta obra terá atingido sua finalidade.

A **autoavaliação dos professores e dos alunos**, uma vez que tenham posto em prática muitas das orientações e aplicações aqui propostas, **será o melhor testemunho e indicador de que a intenção e os objetivos da obra foram atingidos.**

---

[*] Quadro 1.
[**] Quadro 2.

Quadro 1 – Autoavaliação relativa ao ensino e aplicação de técnicas de estudo e conteúdos procedimentais (professores)

Desde que ensino a meus alunos técnicas de estudo e conteúdos procedimentais	1 Muito pouco	2 Pouco	3 – + 4 Bastante	5 Muito
1. Estão melhorando a forma de realizar o estudo.				
2. Melhoraram a organização de seu local de estudo e do tempo que dedicam ao estudo.				
3. Melhoraram a forma de ler os textos.				
4. Melhoraram o planejamento e a organização do estudo pessoal.				
5. Estudam mais ativamente, utilizando destaques, esquemas, resumos e anotações feitas em sala de aula.				
6. Utilizam um método de estudos que produz bons resultados.				
7. Têm menos dificuldade para estudar e obtêm melhores resultados.				
8. O estudo é mais dinâmico e gratificante para eles.				
9. Estudam com "inteligência estratégica", isto é, sabem o que devem estudar e como fazê-lo.				
10. O ensino de técnicas de estudo e de conteúdos procedimentais está se mostrando útil.				
11. Os procedimentos foram aplicados no desenvolvimento normal das aulas.				
12. O professorado da instituição de ensino esteve empenhado na atuação em relação ao ensino e à aplicação de técnicas de estudo e conteúdos procedimentais.				
13. O restante do professorado acha que as técnicas de estudo são muito importantes.				

Quadro 2 – Autoavaliação relativa à aprendizagem e aplicação de técnicas de estudo e conteúdos procedimentais (alunos)

Desde que me ensinaram e apliquei técnicas de estudo e procedimento	1 Muito pouco	2 Pouco	3 - + 4 Bastante	5 Muito
1. Melhorei a forma de realizar o estudo.				
2. Organizei meu tempo de dedicação ao estudo e o lugar onde estudo.				
3. Melhorei a forma de ler os textos.				
4. Melhorei o planejamento e a organização de meu estudo pessoal.				
5. Estudo ativamente destaques, esquemas, resumos e anotações feitas em sala de aula.				
6. Utilizo um método de estudo que produz bons resultados.				
7. Tenho menos dificuldade para estudar e obtenho melhores resultados.				
8. Para mim, o estudo é mais útil e gratificante.				
9. Estudo com "inteligência estratégica", isto é, sei o que devo estudar e como fazê-lo.				
10. Para mim, o ensino de técnicas de estudo e de conteúdos procedimentais é útil.				

unidade
didática
um

bases psicopedagógicas da
aprendizagem do aluno

1. Introdução

Nesta primeira **unidade didática** apresentamos o *quadro básico* no qual se fundamenta a aprendizagem do ser humano e, em consequência, a aprendizagem escolar dos estudantes. Oferecemos uma exposição superficial dos aspectos, das teorias e das contribuições que tentam explicar os fundamentos que estão na base da aprendizagem humana. Evidentemente, não podemos nos estender mais na análise e no aprofundamento das complexidades da aprendizagem dentro do reduzido espaço da unidade didática. Por isso, remetemos os professores ao tópico correspondente da bibliografia para ampliar seus conhecimentos nesse tema.

Abordamos, em primeiro lugar, a consideração da aprendizagem como **trabalho intelectual** específico do ser humano. A aprendizagem acompanha o desenvolvimento de cada pessoa, como tem acompanhado a evolução histórica da humanidade. A aprendizagem intelectual ou prática é uma demanda cada vez maior, que fica evidente nas diretrizes da Unesco e do Conselho da Europa para garantir aos cidadãos a **aprendizagem permanente no decorrer de toda a vida**.

Em segundo lugar, apresentamos uma breve revisão das **teorias da aprendizagem** que mais presença têm nas proposições dos últimos sistemas educacionais e que fundamentam as tendências metodológicas atuais do ensino. Especificamente, expomos a **teoria comportamental**, as **teorias cognitivistas** e a **teoria do processamento da informação**.

Em terceiro lugar, trazemos uma relação de enfoques e **propostas metodológicas** centradas no fazer da instrução para a consecução da aprendizagem no âmbito escolar ou acadêmico.

Em quarto lugar, ocupamo-nos da **pessoa do aluno** como protagonista da aprendizagem escolar ou acadêmica. É fundamental analisarmos as **bases psicopedagógicas** da aprendizagem, visto que delas depende, de forma decisiva, o nível de desenvolvimento da aprendizagem dos estudantes.

Por último, comentamos as **perspectivas atuais da aprendizagem** no início do terceiro milênio. A capacidade de autonomia do estudante, a aplicação das novas tecnologias, a necessidade da formação permanente e da adequação aos novos horizontes da **sociedade do conhecimento** em um mundo globalizado são outros tantos aspectos a serem levados em conta nas novas proposições da aprendizagem dos alunos.

2. Objetivos

A intencionalidade propedêutica ou introdutória desta unidade didática pretende alcançar os seguintes **objetivos**:

a. Para o **professor**:
   1. Aprofundar o *valor humano da aprendizagem* como trabalho intelectual;
   2. Conhecer e analisar, em *relação a sua prática docente*, as contribuições das teorias da aprendizagem;
   3. Estudar algumas propostas metodológicas para o *desenvolvimento do ensino e da aprendizagem*, à luz da atividade em sala de aula;
   4. Aprofundar a *importância que as bases psicopedagógicas* do estudante têm no desenvolvimento de sua aprendizagem escolar ou acadêmica;
   5. Estudar em que medida as *novas perspectivas de aprendizagem* afetam sua forma atual de ensinar.

b. Para o **aluno**:
   1. Avaliar o trabalho intelectual do estudo como *impulsor de sua aprendizagem*;
   2. Estudar seu *método de estudo* à luz das teorias da aprendizagem;
   3. Analisar as *propostas metodológicas* de aprendizagem em função de suas preferências;
   4. Conhecer e analisar a situação de suas *bases psicopedagógicas* na hora de abordar sua aprendizagem escolar;
   5. Refletir sobre sua postura ou possibilidades em face das novas formas de aprendizagem na *sociedade do conhecimento*.

3. Conteúdos

3.1 A aprendizagem: trabalho intelectual do ser humano

Antes de vermos o que pode ser **aprendizagem**, é conveniente estudar em que deve consistir o **trabalho intelectual** e o **estudo** em geral, porque, se este último se limita a uma mera compilação de conceitos, dados, soluções, definições etc., estamos simplificando em excesso a complexidade que encerra sua execução. A própria palavra **trabalho** nos leva a pensar em **atividade**, de modo que, se prescindirmos da própria reflexão em nosso fazer intelectual, como seres humanos com capacidade de raciocinar, este será incompleto e muito limitado.

| Ensine a estudar... aprenda a aprender

A atividade intelectual há de nos conduzir à aplicação lógica e racional dos conhecimentos às situações reais e concretas da vida diária em nosso entorno, isto é, precisamos saber realizar comparações, investigações, dedução de conclusões, ter capacidade de reação etc. Enfim, devemos ser criativos e capazes de responder às situações novas ou de gerar novos conhecimentos.

Tudo o que dissermos acerca do trabalho intelectual tem relação com o que podemos dizer, daqui em diante, sobre aprendizagem, no sentido de que **aprendizagem** não é apenas a apropriação de uma série de conhecimentos, mas sim uma atividade muito mais complexa, que comporta uma **mudança de atitudes** no sujeito que aprende e que requer procedimentos e técnicas que põem em jogo nossa capacidade mental e psicológica.

3.1.1 A aprendizagem permanente

O ser humano pode ser considerado um **aprendiz permanente**, levando em conta que até mesmo as atividades de menor exigência intelectual por ele realizadas requerem um *adestramento*, ou treinamento, que teve que adquirir e desenvolver. Deve ser considerado que esse tipo tão elementar de aprendizagem acontece de forma quase sempre inconsciente por parte do sujeito que a realiza. A aprendizagem de caráter intelectual precisa, previamente, do amadurecimento psicobiológico e neurofisiológico adequado por parte do sujeito estudante ou estudioso. Podemos afirmar que, se o indivíduo não estiver preparado para aprender, isto é, se não tiver a maturidade necessária, terá muitas dificuldades para levar a cabo uma verdadeira aprendizagem.

Uma vez que o indivíduo reúna as condições para o desenvolvimento do trabalho intelectual, sua possibilidade de aprendizagem já não deve ter nenhum tipo de limitação. Ele estará em condições de exigir o direito de ter acesso aos *bens da educação e da cultura*. A Unesco vem advogando há anos por uma **aprendizagem contínua durante toda a vida**, sem mais limitações que o interesse ou a motivação pessoal. Em uma sociedade em permanente mudança, já não faz sentido falar de uma *idade de aprendizagem*, que terminaria com a graduação universitária, por volta dos 25 anos. É imprescindível uma aprendizagem permanente, seja para adquirir a formação e os conhecimentos que os novos tempos demandam, seja para satisfazer o desejo nato de aprender, mesmo que de uma forma compensatória, na idade adulta.

3.1.2 O aprendizado aplicado

Há uma clara relação entre aprendizagem e **aplicação**, ou **realização**, considerando esta como cumprimento e comprovação do aprendido, mais que conquista pessoal de uma série de atitudes e valores desenvolvidos pelo próprio sujeito. A aplicação, ou realização, é considerada aqui como avaliação da aprendizagem alcançada diante de uma proposta determinada. Precisamente, a aplicação de uma mudança de atitude é, de alguma forma, a avaliação desta, mas sem considerar os condicionamentos que incidem na aprendizagem: esquecimento, fadiga etc., ou aspectos como atitudes, ideais ou interesses.

Outra consideração a fazer é a relação entre a realização da aprendizagem e o contexto em que se desenvolve. É a inegável condição social do indivíduo que comporta uma série de condicionamentos de todo tipo em relação ao ambiente em que está inserido. Desde a infância, o cidadão deve acomodar suas condutas a diversas formas convencionais que são, mais ou menos, determinadas pelo entorno familiar e social, que pouco têm a ver com o pessoal ou o subjetivo. A sociedade, enfim, vai avaliá-las, e do resultado dessa avaliação sairá a classificação *aceito* ou *rejeitado*, sendo a consequência desta última a marginalização do indivíduo, estado no qual lhe será oferecida a oportunidade de mudança, mas tendo sempre em conta os objetivos determinados pela sociedade. Trata-se da permanente interação entre indivíduo e coletividade, ou entre pessoa e sociedade: somos, em parte, o que são nossas circunstâncias (Ortega y Gasset).

3.1.3 Finalidades da aprendizagem humana

As grandes **finalidades da educação** podem ser explicitadas em relação a três âmbitos fundamentais de todo ser humano: **âmbito pessoal**, **âmbito cultural** e **âmbito social**.

1. *Âmbito pessoal*: conhecer a si mesmo, suas próprias capacidades, o modo de adaptação e encaixe na sociedade, o modo de satisfazer suas próprias necessidades dentro do quadro socialmente estabelecido, o desenvolvimento de suas potencialidades e aspirações etc.
2. *Âmbito cultural*: aprender a funcionar não só no meio físico, mas, especialmente, no meio feito por ele mediante o conhecimento da linguagem, dos números, da tecnologia, dos costumes e das tradições.
3. *Âmbito social*: saber como funciona a sociedade em suas grandes manifestações de economia, política, governo, religião, convivência e tolerância, democracia e direitos humanos, valores constitucionais da cidadania etc.

Esses objetivos fundamentais podem ser explicitados com a aquisição de conhecimentos, habilidades e atitudes em relação a todos os ramos do saber.

3.1.4 Tipos de aprendizagem

Dos diversos **tipos de aprendizagem** humana destacamos os seguintes tipos básicos:

1. *Aprendizagem por reflexo condicionado* – É a mais elementar e primitiva e, por isso, a mais usual. Baseia-se no princípio psicológico preconizado pelo comportamentalismo, para o qual um *estímulo* é sempre seguido de uma *resposta*, ou o que é a

mesma coisa: uma conduta operante (estímulo) provoca uma conduta de resposta (reflexo). Esse tipo de aprendizagem trata de substituir o estímulo natural por outro artificial que provoque o mesmo reflexo.
2. *Aprendizagem por memorização* – Esse tipo de aprendizagem concede extrema importância à *memorização* de dados que devem ser repetidos fielmente. Sem esquecermos o fato de que a aprendizagem requer memorização, visto que nada se pode considerar aprendido se não for conservado e se não formos capazes de recordar no momento em que for preciso, devemos evitar cair em extremos que sempre são prejudiciais: nem desdenhar da memória pelo que acabamos de dizer, nem centrar toda a aprendizagem em simplesmente memorizar, esquecendo a vivência e a significância do conteúdo a aprender. Basicamente há dois tipos de memorização: a mecânica e a lógica ou racional. A primeira fica na pura retenção e repetição de dados de forma mecânica e sem necessidade de compreender o significado; a segunda, por sua vez, baseia-se no raciocínio e na compreensão, tendendo ao encadeamento e à relação lógica de dados e fatos para reforçar seus aspectos significativos e garantir a retenção e posterior evocação. Não deve haver dúvidas quanto ao valor didático de um e de outro tipo de memória.
3. *Aprendizagem por ensaio e erro* – Não se trata de uma aprendizagem mecânica e às cegas, como o nome parece indicar, mas sim de um trabalho de reflexão e de uma atividade mental mais complexa. Tenta encontrar uma solução para uma dificuldade complexa e, para tanto, é necessário buscar elementos, relacioná-los, compará-los, organizá-los, isto é, experimentar física e mentalmente. Trata-se, então, de selecionar, comparar, organizar e ensaiar respostas até encontrar as que convêm à situação proposta.

3.1.5 Formas de aprendizagem

Dentre as **formas de aprendizagem** do ser humano, segundo o grau de complexidade, podemos destacar as seguintes:

1. *Forma motora*, que, por sua vez, pode ser dividida em:
    a. **Sensório-motora** – Desenvolve habilidades praticamente automáticas e que mal precisam de controle do pensamento, como andar, lavar-se, vestir-se etc.
    b. **Perceptivo-motora** – As habilidades a alcançar requerem maior controle do pensamento, sendo necessária a escolha de estímulos, como desenhar, escrever, tocar um instrumento musical etc.
2. *Forma emocional*, que utiliza, preferencialmente, a emotividade e os sentimentos. Divide-se em:
    a. **De apreciação** – Tenta fazer com que o indivíduo sinta e aprecie a natureza e as diversas formas que o homem usa para se expressar.

b. **De atitudes e ideais** – Procura obter posturas definidas e orientadoras do comportamento em sua dupla vertente: atuais ou atitudinais (veracidade, honestidade etc.) e futuras ou ideais, que quase sempre se concentram em ser políticas, filosóficas, religiosas, humanitárias etc.
c. **Volitiva** – Refere-se ao controle da própria vontade e ao domínio de si.

3. *Forma intelectual*, que se refere ao uso consciente das aptidões que se centram na inteligência e divide-se em:
   a. **Verbal** – Orienta-se à aprendizagem da expressão, fluência ou compreensão das mensagens orais ou escritas com agilidade e segurança.
   b. **Conceitual** – Refere-se ao conhecimento de fatos, relações e acontecimentos mediante a compreensão. Procura determinar causas e circunstâncias para chegar a abstrações, generalizações e definições, utilizando com maior intensidade o raciocínio e a memória lógica.
   c. **De espírito crítico** – Tenta obter conclusões lógicas, afastando-se, na medida do possível, da sugestão ou da intuição e baseando-se na reflexão e no raciocínio.

3.1.6 Leis ou princípios da aprendizagem

Como síntese das ideias das diversas teorias e dos tratadistas da psicologia da aprendizagem, expomos algumas das leis universalmente mais aceitas para explicar o desenvolvimento da aprendizagem.

   a. *Lei do efeito* – Formulada por Thorndike, vem indicar que, se *uma resposta é seguida de uma satisfação ou prazer, é reforçada*, fato pelo qual *tende a repetir-se*; e, ao contrário, *uma resposta seguida de um desgosto ou insatisfação tende a ser eliminada ou inibida*. As conexões são maiores ou menores em função da magnitude da satisfação ou da insatisfação.
   b. *Lei do exercício* – Chamada também de "lei de uso e desuso", formulada inicialmente por Thorndike, pressupõe que uma *conexão é mais ou menos duradoura em função das vezes em que se dá a relação entre situação e resposta*. Se o estabelecimento de associações não se repete, a conexão tende a debilitar-se. É muito importante para o uso inteligente e significativo da memória como faculdade imprescindível na aprendizagem escolar, para fomentar a lembrança e combater o esquecimento. A repetição, o ato de *repassar* é uma atividade fundamental na manutenção da aprendizagem escolar ou acadêmica.
   c. *Lei da preparação ou disposição* – Formulada por Thorndike como *tendência a conectar uma resposta a uma situação*, vem nos dizer como é importante para o estudante que tenha consciência da necessidade de aprender e de ter

predisposição e vontade positiva de estudar, de aprender. Essa atitude necessária justifica a *estreita relação entre a vontade e o rendimento* do estudante. "Querer aprender" é um requisito importante, praticamente imprescindível, para que a aprendizagem escolar possa ser efetivada. A *fadiga*, a *preguiça*, a *falta de vontade* ou a *falta de uma disposição positiva* dificulta qualquer tipo de aprendizagem, em especial a escolar, que é fruto de um trabalho intelectual.

d. *Lei da pertinência* – A formulação de Thorndike acerca dessa lei diz que uma resposta *será mais ou menos* duradoura e fixa, na bagagem do que é realmente aprendido pelo sujeito, *dependendo do quanto estiver perto da satisfação e de que esta seja maior ou menor.*

e. *Lei da intensidade* – Indica que um *fato é mais aprendido e lembrado quanto mais intensamente for aprendido*, o que depende, dentre outros fatores, do número de sentidos que participam da aprendizagem. Quanto mais sentidos participarem, mais a aprendizagem será reforçada.

f. *Lei da semelhança* – Aprendemos e recordamos melhor as coisas que têm uma *similaridade ou relação de semelhança*, uma relação significativa lógica ou emotiva.

g. *Lei do contraste* – Pressupõe que a um termo, conceito ou ideia é associado outro termo, conceito ou ideia contraposto (por exemplo: bom/ruim, branco/preto).

h. *Lei da transferência* – Transferência da aprendizagem é definida como o "influxo de uma forma de comportamento previamente aprendido sobre a assimilação, a exteriorização ou a repetição de outra". Dessa maneira, quando a *transferência é positiva*, uma aprendizagem é fomentada pela aquisição de outra, ao passo que será *negativa* quando a aprendizagem de uma conduta impedir ou dificultar a aquisição de outra.

3.2 Teorias da aprendizagem

Nesta breve revisão dos diversos aspectos para apreciar a complexidade da aprendizagem não podem faltar referências às **teorias da aprendizagem** que mais repercussão tiveram, e continuam tendo, sobre o desenvolvimento da educação no mundo atual. São pressupostos teóricos sobre o processo de ensino-aprendizagem que procuram fundamentar o desenvolvimento da programação educacional e como a condicionam. Esses pressupostos podem ter origens diversas e proposições diferentes, mas, de qualquer maneira, respondem ao modo como os criadores e os promotores compreendem o processo de ensino-aprendizagem.

Entendemos por **teorias da aprendizagem** as formulações, os enfoques e as proposições que tentam explicar como aprendemos. Elas têm, portanto, um caráter **descritivo** e estão estreitamente ligadas às **teorias da instrução**, que pretendem determinar as condições ótimas para ensinar e para aprender. Nesse caso, têm um caráter **prescritivo**.

> *Um professor, em consequência, deve saber integrar as contribuições dessas teorias da* **aprendizagem** *e da* **instrução** *no desenvolvimento de um correto exercício docente: sabendo como o aluno aprende, a partir daí já deve saber quais são as condições e as circunstâncias em que o ensino precisa se realizar.*

Teorias como o *associacionismo* de Locke, o *reflexo condicionado* de Pavlov, o *conexionismo* de Thorndike, o *gestaltismo* de Kohler, Kofka e Wertheimer e muitas outras deram importantes contribuições para explicar e fundamentar o processo e o desenvolvimento da aprendizagem em suas variadas formas e situações. Aqui, só podemos apresentar uma revisão das teorias e dos autores mais representativos nestes últimos anos, sem entrar em agrupamentos ou paradigmas classificatórios, cientes da dificuldade de apontar diferenças em relação a muitos de seus aspectos, com fronteiras tão difusas ou superposições entre elas.

3.2.1 A teoria comportamental: Watson, Skinner

Embora um grande número de autores pudesse ser agrupado sob o rótulo do *comportamentalismo*, sem sombra de dúvidas a maior influência exercida no campo educacional é atribuída ao *neocomportamentalismo* de Skinner, que formula os princípios do *condicionamento operante* e do *ensino programado*. O comportamentalismo parte de uma concepção empirista do conhecimento. A associação é um dos mecanismos centrais da aprendizagem. A sequência básica é: E-R (*estímulo-resposta*).

A principal influência comportamental na concepção do formato da instrução e no desenvolvimento do ensino é encontrada na teoria do **condicionamento operante** de Skinner. Quando acontece um fato que atua de forma a aumentar a possibilidade de ocorrer uma conduta, esse fato é um reforçador, isto é, as ações do sujeito, seguidas de um reforço adequado, têm tendência a serem repetidas se o reforço for positivo, ou a serem evitadas, se for negativo. Em ambos os casos, o controle da conduta vem de fora. A consequência da conduta que possa ser recompensada, ou que possa ser reforçada, aumenta a probabilidade de conseguir novas respostas. As contribuições de Skinner quanto à concepção de materiais educacionais materializam-se no *ensino programado* e em sua célebre *máquina de ensinar*.

No Quadro 1.1, a seguir, podemos observar as técnicas para a aquisição, a manutenção e a retenção de habilidades e conhecimentos, segundo as proposições de Skinner.

Quadro 1.1 – *Técnicas para a aquisição, a manutenção e a retenção de habilidades e conhecimentos, segundo as proposições de Skinner*

Reforço	Consiste em apresentar um estímulo reforçador a uma resposta de maneira seguida. O reforçador é o estímulo que aumenta a probabilidade da frequência de uma resposta.
Moldação por aproximações sucessivas	Primeiro se identifica a tarefa meta ou terminal. Inicia-se com o primeiro elo, proporcionando reforçadores diante da emissão de respostas adequadas. Uma vez dada a resposta correta ao primeiro elo, continua-se com o seguinte, agindo da mesma forma até chegar à resposta terminal.
Generalização e discriminação	A **generalização** ocorre quando uma pessoa, diante de estímulos similares, mas não idênticos, emite uma mesma resposta ou quando, diante de um mesmo estímulo, são emitidas respostas similares. Na **discriminação**, responde-se de maneira diferencial diante dos estímulos.
Modelagem	Consiste em modelar (exibir) a conduta que se deseja que alguém aprenda, tornando evidente a consequência que se segue à conduta exibida.

As técnicas para a eliminação de condutas de aprendizagem são as mostradas no Quadro 1.2, a seguir.

Quadro 1.2 – *Técnicas para a eliminação de condutas de aprendizagem*

Extinção	Consiste na retirada do estímulo reforçador que mantém uma conduta.
Castigo	É um procedimento por meio do qual se proporciona um estímulo negativo, aversivo, depois da emissão de uma resposta.
Reforço diferencial	Consiste na seleção de uma conduta incompatível com a conduta que se deseja eliminar.
Time out	Essa técnica consiste em suspender ou retirar o *sujeito* por um tempo x da situação na qual manifesta condutas indesejáveis.

O comportamentalismo, e mais especificamente o *neocomportamentalismo*, aplicado à educação é uma tradição na psicologia educacional. Qualquer conduta escolar ou acadêmica pode ser ensinada de maneira oportuna quando se tem uma programação didática da instrução eficaz baseada na análise detalhada das respostas dos alunos. Outra característica desse enfoque é o pressuposto de que o ensino consiste em proporcionar conteúdos ou informação ao aluno, que deverá adquiri-los basicamente no arranjo adequado das contingências de reforço.

De acordo com esse enfoque, a participação do aluno nos processos de ensino-aprendizagem fica condicionada às características prefixadas do programa pelo qual tem de transitar para aprender, ou seja, é um sujeito cujo desempenho e aprendizagem escolar vêm programados antecipadamente de fora (a situação instrucional, os métodos, os conteúdos etc.), desde que sejam feitos os ajustes ambientais e curriculares necessários. Nessa perspectiva, o trabalho dos professores consiste em elaborar uma adequada série de arranjos contingenciais e circunstanciais de reforço para ensinar. De acordo com essas proposições, o professor deve ser visto como um *engenheiro* educacional e um *administrador* de contingências. Um professor eficaz deve ser capaz de utilizar habilmente os recursos tecnológicos comportamentais desse enfoque (princípios, procedimentos, programas comportamentais etc.) para atingir com sucesso níveis de eficiência em seu ensino e, principalmente, na aprendizagem de seus alunos.

São exemplos da aplicação do enfoque neocomportamental:

1. O **ensino programado** – Durante o início dos anos de 1960 foi desenvolvida uma grande quantidade de experiências e aplicações de programas de ensino, elaboradas com base nas proposições dessa teoria. Foi, sem dúvida, o paradigma no qual se basearam muitos administradores e técnicos da educação para implantar uma determinada didática e metodologia de ensino nas salas de aula. No início, as protagonistas foram as *máquinas de ensinar* e, posteriormente, os *textos programados*. As características da metodologia neocomportamental são as seguintes:
   a. definição explícita dos objetivos a atingir mediante programa instrutivo;
   b. apresentação sequencial da informação segundo a lógica de dificuldade crescente;
   c. participação predeterminada do estudante;
   d. reforço imediato da informação;
   e. individualização: avanço de cada estudante em seu próprio ritmo;
   f. registro de resultados e avaliação contínua.

2. Os **programas EAO** (*Enseñanza Asistida por Ordenador* – Ensino Assistido por Computador) – Programas de ensino assistido por computador constituem o programa (*software*) educacional com as mesmas características do ensino programado: situações instrucionais muito estruturadas e que deixam pouco espaço para a participação significativa do aluno, mas com as vantagens da interatividade proporcionada pelo computador. Consistem em programas de exercitação e prática muito precisos, baseados na repetição. Cada passo capacita o sujeito para abordar o seguinte, o que implica que o material deve ser elaborado em pequenas etapas, permitindo, assim, grande número de respostas que devem ser convenientemente reforçadas. A sequência do material será linear e consubstancial à própria matéria, na maioria dos casos. Para Skinner, o sujeito não deve ter nenhuma dificuldade se o material for bem elaborado. É preciso destacar, portanto, a importância dos bons programadores de material instrutivo.

Sintetizando as contribuições de diversos autores (Colom, Sureda, Salinas, 1988), apresentamos o Quadro 1.3, que reúne as vantagens e os inconvenientes mais relevantes do ensino assistido por computador (EAO).

Quadro 1.3 – Vantagens e inconvenientes mais relevantes do ensino assistido por computador (EAO)

Vantagens	Inconvenientes
Facilidade de uso; conhecimentos prévios não são necessários.	Aluno passivo.
Existe interação.	Não é possível a participação do educador no levantamento de dúvidas etc.
A sequência de aprendizagem pode ser programada de acordo com as necessidades do aluno.	Excessiva rigidez na sequência dos conteúdos, o que impede o tratamento de respostas não previstas.
Feedback imediato sobre cada resposta.	Não se sabe por que um reagente é correto ou incorreto.
Favorece a automatização de habilidades básicas para aprendizagens mais complexas.	Fragmentação de conteúdos excessivamente uniforme e redutora, seja qual for a matéria.
Proporciona ensino individualizado de forma muito dirigida.	Individualização muito elementar; não leva em conta o ritmo; não guia.

Apesar das muitas críticas recebidas, muitos programas educacionais atuais baseiam-se nas propostas comportamentais: "decomposição da informação em unidades, criação de atividades que requerem uma resposta e planejamento do reforço".

Segundo Martí (1992), podemos extrair as seguintes derivações educacionais da teoria comportamental:

> papel passivo do sujeito;
> organização externa da aprendizagem;
> possibilidade de a aprendizagem ser representada em unidades básicas elementares;
> leis de aprendizagem comuns a todos os indivíduos.

Porém, o EAO continuou a desenvolver-se, solucionando alguns dos inconvenientes descritos. As primeiras utilizações educacionais dos computadores baseiam-se no ensino programado de Skinner e consistem na "apresentação sequencial de perguntas e na sanção correspondente das respostas dos alunos" (Martí, 1992, p. 66).

3.2.2 As teorias cognitivistas: Piaget, Bruner, Ausubel

A corrente *cognitiva* enfatiza o estudo dos processos internos que conduzem à aprendizagem. Interessa-se pelos fenômenos e processos internos que ocorrem no indivíduo quando aprende, o modo como introduz a informação a ser aprendida, como esta se transforma no indivíduo e como a informação se encontra pronta para se tornar manifesta quando for necessário. Considera a aprendizagem como um processo no qual mudam as estruturas cognitivas (organização de esquemas, conhecimentos e experiências que um indivíduo possui), devido a sua interação com os fatores do meio ambiente.

I. **Piaget** parte da **epistemologia genética**, isto é, o estudo de como se chega a conhecer o mundo externo por meio dos sentidos, atendendo a uma perspectiva evolutiva. Para Piaget, o desenvolvimento da inteligência é uma adaptação do indivíduo ao meio. Os processos básicos para seu desenvolvimento são: *adaptação* (entrada de informação) e *organização* (estruturação da informação). "A adaptação é um equilíbrio que se desenvolve por meio da assimilação de elementos do ambiente e da acomodação desses elementos pela modificação dos esquemas e estruturas mentais existentes, como resultado de novas experiências" (Araújo e Chadwick, 1988, p. 67).

Piaget é considerado um dos mentores da **teoria construtivista**. Ele estabelece três estágios do desenvolvimento, que têm um caráter universal: sensório-motor, operações concretas e operações formais. Considera que as estruturas do pensamento são construídas, pois nada é dado desde o início. As estruturas são construídas na interação entre as atividades do sujeito e as reações deste diante do objeto. A ênfase recai nas próprias ações que o sujeito realizou em relação aos objetos, abstraindo dessas ações, por meio de um jogo de *assimilações* e *acomodações*, os elementos necessários para sua integração em estruturas novas e cada vez mais complexas.

Piaget denominou sua teoria de *construtivismo genético*, em que explica o desenvolvimento dos conhecimentos na criança como um processo de desenvolvimento dos mecanismos intelectuais. Esse desenvolvimento ocorre em uma série de etapas ou estágios, definidas pela ordem constante de sucessão e pela hierarquia das estruturas intelectuais que respondem a um modo integrativo de evolução. Cada estágio se caracteriza pelo surgimento de estruturas que são construídas de forma progressiva e sucessiva, de tal modo que uma estrutura de caráter inferior seja integrada por uma de caráter superior e constitua, assim, o fundamento de novos caracteres cognitivos que são modificados pelo desenvolvimento, em função de uma melhor organização. O Quadro 1.4 apresenta as características das etapas evolutivas de Piaget.

Quanto ao conceito de ensino, para os piagetianos, há dois tópicos complementares que é preciso ressaltar: a *atividade espontânea* da criança e o *ensino indireto*. Em relação à atividade espontânea da criança, a concepção construtivista está muito ligada à grande corrente da escola ativa em pedagogia, que foi desenvolvida por pedagogos notáveis, como Decroly, Montessori, Dewey etc. A educação deve favorecer e impulsionar o desenvolvimento cognitivo do aluno, mediante a promoção de sua autonomia moral e intelectual. Nessa perspectiva, o aluno é visto como um *construtor ativo* de seu próprio conhecimento. Para os piagetianos, o aluno deve atuar a todo momento durante sua permanência em sala de aula. O estudante deve ser visto como um sujeito que possui um nível específico de desenvolvimento cognitivo e como um aprendiz que possui certo corpo de conhecimentos, os quais determinam suas ações e atitudes. Portanto, é necessário saber em que período de desenvolvimento intelectual se encontram os alunos e tomar essa informação como básica, como ponto de partida.

Quadro 1.4 – *Características das etapas evolutivas de Piaget*

Etapa ou estágio	Idade	Características
1. Etapa de inteligência sensório-motora	0 a 2 anos, aproximadamente	Este período começa com o nascimento, quando os elementos iniciais são os reflexos do neonato, os quais vão se transformando em uma complicada estrutura de esquemas que permite que ocorram intercâmbios entre sujeito e realidade, os mesmos que permitem à criança realizar uma diferenciação entre o "eu" e o mundo dos objetos.
2. Etapa de pensamento pré-operatório	2 a 7/8 anos, aproximadamente	Este período dá-se com o surgimento da função simbólica, quando a criança começa a fazer uso de pensamentos sobre fatos ou objetos que não sejam perceptíveis nesse momento, mediante sua evocação ou representação por meio de símbolos, como o jogo de imaginação simbólica, o desenho e, especialmente, a linguagem. Antes do surgimento dessa função, a conduta é puramente perceptiva e motora. Depois dela, no plano mental Piaget observou as seguintes mudanças: a possibilidade de um intercâmbio entre indivíduos, ou seja, a socialização da ação, e uma interiorização da palavra, ou seja, o surgimento do pensamento propriamente dito.
3. Etapa de operações concretas	7 a 12 anos, aproximadamente	Inicia-se quando a criança se encontra com possibilidade de utilizar intuições. Nesse período, as operações são concretas, referem-se diretamente a objetos específicos, não ainda a hipóteses. É considerada uma etapa de transição entre a ação direta e as estruturas lógicas mais gerais que surgem no período seguinte. Aqui, as operações que surgem são: classificações, seriações, correspondência um a um, entre outras.
4. Etapa de operações formais	11/12 a 14/15 anos, aproximadamente	Esta etapa caracteriza-se pela elaboração de hipóteses e pelo raciocínio sobre as proposições, sem que estejam presentes os objetos, isto é, sem a necessidade da comprovação concreta e atual. Essa estrutura do pensamento é construída na pré-adolescência e é quando se começa a combinar objetos sistematicamente, bem como ideias ou hipóteses na forma de afirmações e negações.

De acordo com a abordagem psicogenética, o professor é um promotor do desenvolvimento e da autonomia dos educandos. Deve conhecer profundamente os problemas e as características da aprendizagem, bem como as etapas do desenvolvimento cognitivo em geral. Seu papel fundamental consiste em promover uma atmosfera de reciprocidade, de respeito e autoconfiança na criança/adolescente, dando oportunidade à aprendizagem autoestruturante dos alunos, principalmente mediante o ensino indireto e a proposição de problemas e conflitos cognitivos. O professor deve reduzir seu nível de autoridade na medida do possível, para que o aluno não se sinta condicionado ao que ele diz quando tentar aprender ou conhecer algum conteúdo escolar e para que não se fomente nele a dependência para com o professor. Nesse sentido, o professor deve respeitar os erros e as estratégias de conhecimento próprias dos alunos, e não exigir a simples emissão da *resposta certa*.

O método privilegiado em uma didática construtivista é o denominado *ensino indireto*, que enfatiza a atividade, a iniciativa e a curiosidade do aprendiz em relação aos diversos objetos de conhecimento, sob o pressuposto de que isso é uma condição necessária para a autoestruturação e para a descoberta, por si mesmo, dos conteúdos escolares. O professor deve promover conflitos cognitivos e sociocognitivos, respeitar os erros, o ritmo de aprendizagem dos alunos e criar um ambiente de respeito e camaradagem. A avaliação deve ser aplicada sobre os processos, as noções e a competência cognitiva dos alunos.

Sob essa óptica, a proposta de uma sequência de instrução precisa atender aos seguintes aspectos:

> A sequência deve estar ligada ao nível de desenvolvimento do indivíduo (embora um indivíduo se encontre em um estágio, pode haver regressões e também pode acontecer de, em determinados aspectos, o indivíduo estar mais avançado que em outros).
> A sequência deve ser flexível.
> A aprendizagem é entendida como processo.
> Considera-se a importância da atividade no desenvolvimento da inteligência.
> Os meios devem estimular experiências que levem as crianças a perguntar, descobrir ou inventar.
> Considera-se a importância do ambiente.

II. **Bruner**, com a expressão **aprendizagem por descoberta**, denota a importância que atribui à ação na aprendizagem. A resolução de problemas dependerá de como forem apresentados em uma situação concreta, visto que devem representar um desafio, que incite sua resolução e propicie a transferência da aprendizagem. Os postulados de Bruner têm forte influência de Piaget. "O mais importante no ensino de conceitos básicos é que se ajudem as crianças a passar progressivamente de um pensamento específico a um estágio de representação conceitual e simbólica mais adequada ao pensamento". Do contrário, o resultado é a memorização sem sentido e sem estabelecer relações. *É possível ensinar qualquer coisa a uma criança, desde que seja em sua própria linguagem*. Segundo esse princípio, levando em conta um contexto escolar, "é possível ensinar qualquer matéria a qualquer criança de uma forma honesta, deve-se concluir que todo currículo precisa girar em torno dos grandes problemas, princípios e valores que a sociedade considera merecedores de interesse por parte de seus membros" (Araújo e Chadwick, 1988, p. 41). Isso ilustraria um conceito-chave da teoria de Bruner: *o currículo em espiral*.

Por outro lado, referindo-se aos materiais para a aprendizagem, Bruner propõe a *estimulação cognitiva* por meio de materiais que treinem as operações lógicas básicas. A descoberta favorece o desenvolvimento mental e "consiste em transformar ou reorganizar a evidência de maneira que se possa ver além dela" (Araújo e Chadwick, 1988).

Sobre uma sequência instrutiva, cabe destacar os seguintes passos:

› dispor a sequência de forma que o estudante perceba a estrutura;
› promover a transferência;
› utilizar o contraste;
› ir do concreto ao abstrato em função do grau de amadurecimento do sujeito;
› possibilitar a experiência dos alunos;
› revisar periodicamente conceitos já aprendidos (*currículo em espiral*).

O processo de ensino, por sua vez, deve atender aos seguintes aspectos:

› captar a atenção;
› analisar e apresentar a estrutura do material de forma adequada;
› é importante que o aluno descreva por si mesmo o que é relevante para a resolução de um problema;
› elaborar uma sequência efetiva;
› oferecer reforço e *feedback* que surge do sucesso do problema resolvido.

III. **Ausubel**, com a *teoria da aprendizagem significativa*, centra-se fundamentalmente na aprendizagem de matérias escolares. A expressão "significativa" é utilizada por contraposição a "memorística" ou "mecânica". Para que um conteúdo seja significativo, deve ser incorporado ao conjunto de conhecimentos do sujeito, que o relaciona a seus conhecimentos prévios. Ausubel descreve dois tipos de aprendizagem:

a. **Aprendizagem repetitiva** – Implica a simples memorização da informação a ser aprendida, pois a relação desta com aquela presente na estrutura cognitiva é levada a cabo de maneira arbitrária.
b. **Aprendizagem significativa** – A informação é compreendida pelo aluno, e diz-se que há uma relação substancial entre a nova informação e aquela que já está presente na estrutura cognitiva.

As duas formas de aprendizagem cognitiva são:

a. **Por recepção** – A informação é proporcionada pelo professor de modo estruturado e organizado em sua forma final e o aluno é um receptor dela.
b. **Por descoberta** – Nesta forma de aprendizagem, o aluno é quem descobre o conhecimento e só se proporcionam a ele elementos para que chegue a essa descoberta.

Os teóricos cognitivistas interessaram-se em ressaltar proposições como as seguintes: a educação deveria visar ao desenvolvimento de habilidades de aprendizagem, e não só ensinar conhecimentos; o estudante deve desenvolver uma série de habilidades intelectuais, estratégias etc., para conduzir-se de forma eficaz em qualquer tipo de situação de aprendizagem, bem como aplicar os conhecimentos adquiridos em situações novas de qualquer natureza etc. O aluno é entendido como um sujeito ativo processador de informação, que possui uma série de esquemas, planos e estratégias para aprender a solucionar problemas, os quais, por sua vez, devem ser desenvolvidos. Em qualquer contexto escolar existe uma constante atividade cognitiva, fato pelo qual se considera que o aluno nunca é um ente passivo à mercê das contingências ambientais ou instrucionais.

O professor deve partir da ideia de que tem diante de si um aluno ativo que aprende de maneira significativa e que aprende a aprender e a pensar. Seu papel, nesse sentido, centra-se principalmente na confecção e organização de experiências didáticas que o ajudem a atingir esses fins. Sob essa perspectiva, o professor deve estar profundamente interessado em promover em seus alunos a aprendizagem significativa dos conteúdos escolares. Para isso, é necessário que procure fazer com que em suas lições, exposições dos conteúdos, leituras e experiências de aprendizagem exista sempre um grau necessário de significância lógica, contextual ou experiencial, para que os alunos cheguem a uma aprendizagem realmente significativa.

Nesse enfoque cognitivista a metodologia do ensino propõe o emprego, de maneira efetiva, das denominadas estratégias instrucionais. Estudou-se o efeito que certas estratégias e usos da informação têm sobre a qualidade e a quantidade de aprendizagem. Essas estratégias são classificadas em função do momento em que são administradas no processo de ensino-aprendizagem: antes da instrução, durante a instrução e ao finalizá-la.

A teoria cognitiva trouxe notáveis contribuições ao campo da educação: os estudos da memória de curto e longo prazo, os de formação de conceitos e, em geral, tudo o que diz respeito ao processamento da informação, bem como as distinções entre tipos e formas de aprendizagem. O professor, sob a influência da teoria cognitiva, apresenta a seus alunos a informação, observando suas características particulares e incita-os a encontrar e tornar explícita a relação entre a informação nova e os conhecimentos prévios etc. Também tenta fazer com que o aluno contextualize o conhecimento em função de suas experiências anteriores, de tal modo que lhe seja mais significativo e, portanto, menos suscetível ao esquecimento.

3.2.3 A teoria do processamento da informação: Gagné

Gagné oferece fundamentos teóricos que podem guiar o professorado no planejamento da instrução. Em sua teoria, **aprendizagem** e **instrução** transformam-se nas duas dimensões de uma mesma teoria, posto que ambas devem ser estudadas conjuntamente. O fundamento básico é que, para chegar a certos resultados de aprendizagem, é preciso conhecer:

› as condições internas que intervêm no processo;
› as condições externas que podem favorecer uma aprendizagem ótima.

No início, suas proposições têm um enfoque próximo ao comportamentalismo e progressivamente vão incorporando elementos de outras teorias. Assim, poder-se-ia dizer que Gagné, embora pudesse ser situado dentro do cognitivismo, utiliza elementos de outras teorias para elaborar a sua:

› do comportamentalismo, especialmente de Skinner, a importância dada aos reforços e à análise de tarefas;
› de Ausubel, a importância da aprendizagem significativa e da motivação intrínseca;
› de teorias do processamento da informação, o esquema explicativo básico sobre as condições internas.

Para explicar as diferentes **condições internas** que intervêm na aprendizagem, Gagné elabora um esquema que mostra as diversas fases do processo de aprendizagem, levando em conta que essas atividades internas têm uma estreita conexão com as externas, o que dará lugar a determinados resultados de aprendizagem. Essas fases são *motivação, compreensão, aquisição, retenção, recordação, generalização, execução e realimentação*. Gagné define as condições externas como os eventos da instrução que permitem que se produza um processo de aprendizagem. Vêm a ser a ação que o meio exerce sobre o sujeito. Assim, a finalidade da concepção do formato instrutivo é tentar que essas condições externas sejam o mais favoráveis possível à situação de aprendizagem.

Trata-se, pois, de organizar as condições externas para alcançar um determinado resultado de aprendizagem, adequando a instrução a cada processo de aprendizagem: ordenar os fatores externos para melhorar a motivação do aluno, sua atenção, sua aquisição, sua retenção etc. As condições externas deverão ser organizadas de acordo com os resultados de aprendizagem que se pretende alcançar. Para Gagné, dependendo do tipo de aprendizagem a realizar, serão necessários diferentes capacidades: habilidades intelectuais, informação verbal, estratégias cognitivas, atitudes ou destrezas motoras.

Os fundamentos básicos da *teoria da instrução* de Gagné são mostrados nos passos que devem ser seguidos para a concepção do formato instrutivo, que são:

> *Identificar o tipo de resultado* que se espera da tarefa que o sujeito vai realizar (o que se chama "análise da tarefa"). Isso possibilitaria descobrir que condições internas são necessárias e que condições externas são convenientes.

> Uma vez determinado o resultado que se deseja alcançar, é preciso *identificar os componentes processuais* da tarefa, isto é, os *requisitos* prévios, de maneira que sirvam de apoio à nova aprendizagem.

Levando em conta que a teoria de Gagné pretende oferecer um esquema geral como guia para que os educadores criem seus próprios formatos instrutivos, adequados aos interesses e às necessidades dos alunos, é muito útil para a elaboração das programações curriculares. As contribuições de Gagné representaram uma alternativa ao modelo comportamental para a concepção de programas, centrando-se mais nos *processos* de aprendizagem. Suas duas contribuições mais importantes são:

a. Sobre o tipo de motivação: os *reforços* – Considerar em um programa o reforço como motivação intrínseca (recordemos que em um programa comportamental o reforço é externo), por isso, o *feedback* é informativo, e não sancionador, com o objetivo de orientar sobre futuras respostas.

b. Sobre a concepção de *programas* educacionais para a formação – Sua teoria serviu como base para elaborar um modelo de formação nos cursos de desenvolvimento de programas educacionais. Nesse sentido, a vantagem de sua teoria é que oferece diretrizes muito concretas e específicas, de fácil aplicação.

Em síntese, a teoria de Gagné fornece diretrizes de trabalho para a seleção e a ordenação dos conteúdos e das estratégias de ensino, sendo, assim, de grande utilidade para os professores no desenvolvimento dos formatos curriculares de suas matérias que permitam uma melhor aprendizagem por parte dos alunos.

3.3 Propostas metodológicas de aprendizagem

Seguindo o devir histórico, a expressão "técnicas de estudo" teve origem pouco antes de meados do século XX. Logo começou a ser considerada objeto de *mudança comportamental* pelas teorias psicopedagógicas da aprendizagem, especialmente pelas correntes comportamentais, partindo da análise dos processos de aprendizagem nos quais era possível alterar a probabilidade de uma determinada resposta (Pérez Avellaneda, 1994). Dessa maneira, concentrou-se um enorme interesse na busca de leis gerais da aprendizagem, aplicáveis ao aluno, tomando como foco de interesse as variáveis que podiam ser *previsoras da aprendizagem*. Assim, ganharam especial importância a *inteligência*, o *nível sociofamiliar*, a *personalidade*, os *estilos cognitivos* etc. Essas propostas estão mais próximas da **teoria da instrução** de caráter prescritivo ou diretivo.

| Ensine a estudar... aprenda a aprender

Pouco a pouco, foram sendo cunhados outros termos ou expressões, como **habilidades para o estudo** (*study skills*), também denominadas *destrezas de estudo*, que englobavam grande variedade de comportamentos, tais como os **hábitos**, os **métodos**, as **técnicas** e a **motivação** para o estudo. Houve grande variedade de programas que tentaram desenvolver todos esses aspectos com base na tradição experimental da aprendizagem. Alguns autores (Hernández Pina, 1990) comentam que os resultados encontrados nessa corrente, além de serem muitas vezes contraditórios, mostravam relações bastante moderadas entre os aspectos mencionados e o rendimento acadêmico, mas admitem que a melhora nos resultados das provas era atribuída ao aumento da motivação extrínseca e à melhora dos hábitos de estudo, especialmente das técnicas de memorização, do planejamento e organização do tempo pessoal ou das anotações. Nos aspectos comportamentais, primava-se pelo treinamento naquilo que se considerava ser as características próprias dos bons estudantes, prestando mais atenção aos aspectos superficiais que a outros que se mostraram "mais substanciais", tais como o modo como o estudante percebe e aborda as tarefas de aprendizagem.

Muitos dos pesquisadores em psicologia da educação do âmbito norte-americano são partidários do *treinamento direto em estratégias* como o modo mais eficiente de melhorar os métodos de estudo dos alunos; outros advogam o *desenvolvimento de habilidades de pensamento* em suas vertentes crítica, criativa etc., e ainda outros sugerem métodos que enfatizam especialmente os *processos de aprendizagem*, mas apresentados na forma de rotinas que os sujeitos devem seguir, ou seja, aos sujeitos é fornecida uma série de estratégias que os ajudem a decidir que estratégias e sob que condições devem ser aplicadas. O pesquisador-docente descreve a estratégia e treina o sujeito para que adquira o conhecimento.

Por outro lado, e já desde os anos de 1970, foram surgindo cada vez mais propostas que representaram uma mudança de rumo nos estudos sobre a aprendizagem escolar e acadêmica, dando lugar a outras variáveis complementares, um pouco negligenciadas anteriormente, tais como as referentes ao *contexto da aprendizagem*. Essas pesquisas, com mais validez "ecológica" e menos experimentais, serviram para elaborar novos modelos de aprendizagem, tentando descrever o que fazem os alunos quando estudam. Desse modo, passam de objetos passivos a sujeitos ativos na pesquisa, na qual sua interpretação pessoal dos fatos tornou-se o elemento fundamental do modelo.

Na prática, isso significa estimular os estudantes a interagir entre si ou com os professores na forma de abordar a aprendizagem e, dessa discussão, decidir quais são as estratégias que mais convém utilizar. Essa proposta sustenta-se nas ideias de autores que, contra o modelo clássico de *professor instrutor*, apresentam uma imagem alternativa de *professor mediador* e *facilitador* da aprendizagem, inspirada na teoria de Vigotsky, e que é representativa de alguns programas de "ensinar a pensar" que também começam a se destacar nas novas propostas pedagógicas para a escola.

> *Alguns autores observaram que as propostas de **ensino dos métodos e estratégias de estudo** eram mais populares no início, mas menos efetivas a longo prazo, ao passo que os programas de **ensinar a aprender**, embora no início fossem menos atraentes, apresentavam resultados mais duradouros.*

Não se trata de decidir entre treinamento em métodos e estratégias ou em aprender a aprender, mas sim em considerar qual das duas proposições é melhor, segundo o tipo de estudante (circunstâncias ou variáveis centradas no sujeito) e os objetivos que se pretende alcançar (circunstâncias ou variáveis centradas na tarefa de aprendizagem). Como ponto de partida da análise, a proposta é observar os estudantes que fracassam e determinar se existe uma ausência de coerência na percepção de seu ambiente acadêmico e no modelo de aprendizagem que está usando.

Dentro de uma ou outra corrente, ou pendentes mais para um lado ou outro desse *continuum* entre ambas as proposições, encontram-se autores que propõem sistemas e métodos genéricos para trabalhar em sala de aula, ao mesmo tempo que sugerem métodos de estudo ou sistemas específicos para aplicar à atividade que o aluno deve realizar quando estuda.

Sem a pretensão de sermos exaustivos nem classificatórios, apresentamos a seguir uma amostra de programas do que se poderia denominar **metodologias de aprendizagem**.

3.3.1 O ensino direto (Bauman, 1985)

É uma metodologia que consta de diversas etapas que conduzem a uma progressiva e total autonomia por parte do aluno na realização de uma determinada tarefa.

As fases de trabalho são as seguintes:

1. O **professor explica** ao aluno o objetivo e a razão pela qual a aquisição da habilidade o ajudará a compreender melhor um texto.
2. O **professor mostra um texto** que contém um exemplo do que o aluno vai aprender.
3. Dá-se o **ensino direto** propriamente dito:
    > *Atividade dirigida pelo professor* – Mostra, explica, demonstra e realiza a habilidade em questão e responde às perguntas formuladas pelos alunos.
    > *Atividade dirigida pelo professor* – Os alunos começam a assumir a responsabilidade pela aquisição da habilidade, sob a supervisão do professor.
    > *Prática individual* – O professor delega a responsabilidade da aprendizagem aos alunos.

Bauman (1985) considera importante a atitude do professor nesse processo de ensino direto, que apresenta nos seguintes termos:

> Assume que a escola é basicamente responsável pelo progresso do aluno.
> Favorece a aprendizagem, formulando aos alunos, com clareza, os objetivos educacionais aos quais visa.
> Seleciona e dirige as atividades que realiza em sala de aula.
> Capacita seus alunos para que tenham sucesso regularmente.
> Mostra, demonstra, descreve e ensina o que deve ser aprendido.
> Finalmente, afirma que, se o professor acredita que o aluno pode aprender, ele aprende.

O sistema tem algumas limitações que o próprio Bauman apresenta em algumas de suas pesquisas, como o problema não pouco importante do treinamento dos professores para que apliquem o método, visto que em suas primeiras experiências eram especialistas alheios ao grupo. E, mesmo que seja o próprio professor, provavelmente este deixa de atender a outros aspectos, entre eles, a própria *variável aluno*, que, como apontamos anteriormente, às vezes assume um papel excessivamente passivo. A *variável familiar* não é contemplada, como também não o são os próprios *contextos social e escolar* do aluno.

3.3.2 Métodos metacognitivos (Monereo, 1990)

No âmbito dos modelos metacognitivos, Monereo (1990) resenha três métodos:

a. **Modelagem metacognitiva**, baseada na *modelagem* de Bandura, a qual consiste em que um modelo (professor) reforça as imitações que um observador (o aluno) efetua de seu comportamento. Nesse caso, as condutas observáveis a serem imitadas são substituídas por ações cognitivas, expressas verbalmente pelo modelo em questão, que torna explícitos os motivos que o levam a efetuar cada nova execução. O observador deverá reproduzir esse modo de proceder, posteriormente, ao realizar uma tarefa similar.

Um exemplo claro da aplicação dessa modelagem é oferecido por Graves (1977), mas referente ao ensino da escrita/composição escrita. O professor, enquanto vai escrevendo uma redação em uma transparência que projeta, vai expressando em voz alta o processo cognitivo de resolução que emprega antes, durante e depois do exercício: objetivos, ordenação da informação, busca de sinônimos, melhora da expressão, correção ortográfica, revisões do processo, soluções estilísticas, controle da distração, avaliação do resultado final etc.

Para que os resultados sejam duradouros e a modelagem não perca sua eficácia, é necessário que seja aplicada de forma sistemática e não ocasional. O próprio autor aconselha o uso generalizado em diversos tipos de escrita e de matérias.

b. **Análise e discussão metacognitiva,** que visa identificar e avaliar os processos de pensamento subjacentes a um produto ou resposta final, procurando fazer com que o aluno tenha consciência da utilidade ou eficácia de seus próprios mecanismos de resolução e dos de seus colegas, podendo até mesmo modificá-los. Trata-se de se perguntar sobre "o que pensei, recordei ou imaginei" para chegar a essas respostas. O procedimento pode ter duas variantes:

> 1. *O professor propõe uma atividade ou tarefa e, quando concluída, pede aos participantes que escrevam ou exponham oralmente o processo cognitivo seguido.*
> 2. *Divididos em duplas, alguns dos alunos devem resolver uma tarefa "pensando em voz alta", enquanto seus colegas anotam o processo cognitivo, para depois expô-lo à análise e à discussão de toda a classe.*

c. **Autointerrogação metacognitiva,** que é o que segue o próprio Monereo em suas dez etapas da interrogação **PROMETE-A** (*Procedimento Metacognitivo de Ensino-Aprendizagem*). Esse método, com um objetivo similar ao dos modelos anteriores, tenta conseguir que o aluno conheça as modalidades de processamento e decisão cognitivas que adota, a fim de melhorá-las posteriormente. O sistema de que se serve é um processo de autorregulação do processo de pensamento por meio de perguntas que o sujeito deve fazer a si mesmo antes, durante e depois da execução de uma tarefa. Em sua aplicação, distinguem-se três fases:

> 1. *Em primeiro lugar, o professor propõe um modelo de perguntas, que emprega em várias tarefas de exemplo.*
> 2. *Em segundo lugar, cada estudante põe à prova o modelo com uma diversidade de tarefas, de início sugeridas pelo professor e escolhidas livremente depois.*
> 3. *Finalmente, o professor tenta fazer com que cada aluno automatize o procedimento e seja capaz de utilizá-lo de maneira independente.*

O instrumento elaborado por Monereo (1990) denominado **PROMETE-A** procura ajudar o sujeito, por meio de suas dez etapas, a identificar os principais parâmetros a serem levados em conta para resolver uma tarefa proposta, em especial aqueles que se referem ao conhecimento de suas próprias modalidades de conhecer, aprender e pensar. Pretende ser útil para o planejamento, a análise e a avaliação de tarefas de diversas ordens, sempre vinculadas a processos de ensino ou aprendizagem, com base na explicitação das variáveis metacognitivas intervenientes. Dirige-se principalmente aos níveis de Educação Infantil e Educação Primária.

3.3.3 Programa para melhorar a compreensão e a aprendizagem de textos informativos (Vidal-Abarca e Gilabert, 1990)

Com base no procedimento de Bauman de **instrução direta**, Vidal-Abarca e Gilabert (1990) propõem uma metodologia para melhorar a compreensão e a aprendizagem de textos informativos, que segue os seguintes princípios:

> › *Devem-se proporcionar objetivos claros aos alunos.*
> › *Ao professor cabe modelar as operações que os alunos vão realizar.*
> › *A instrução deve ser realizada em contextos reais, nos quais se favoreça a generalização de situações corriqueiras de ensino e aprendizagem.*
> › *O professor fornece feeedback acerca dos processos de compreensão.*
> › *Deve-se oferecer um feedback que favoreça a motivação e as atribuições dos alunos para a consecução do objetivo.*
> › *Deve-se promover o diálogo e a discussão tanto com o aluno quanto dos alunos entre si.*

O programa, dirigido a alunos de Educação Primária, está configurado em doze sessões, com duração aproximada de 45 minutos, sendo duas por semana, passando por períodos comparativos e enumerativos, separada ou simultaneamente, e ligando constantemente a *modelagem* e a *prática guiada*.

3.3.4 O programa PIME-3 (Hernández e García, 1989)

Segundo seus autores, visa servir de síntese dos diversos métodos e estratégias de estudo existentes, e eles afirmam que sua eficácia foi comprovada em diversas pesquisas. Os elementos principais são:

a. Um **instrumento de diagnóstico das habilidades de estudo**, que avalia aspectos como capacidade para extrair as ideias principais, para fazer um resumo, para hierarquizar ideias, para ordenar frases, para elaborar e recordar a informação.
b. Um **material instrucional escrito**, dirigido aos estudantes, sob a supervisão de um monitor. Os conteúdos são altamente estruturados, acompanhados de gráficos, perguntas de elaboração, frases curtas, exemplificações e exercícios práticos.

c. **Nove unidades instrucionais**, cada uma desenvolvida em uma sessão, além de três sessões práticas para consolidar as estratégias aprendidas.
d. Três unidades são dedicadas a **aspectos motivacionais**: estratégias de abordagem e de manutenção do estudo, estratégias para o fomento de expectativas positivas, estratégias de adesão, estratégias de relaxamento, estratégias de modelagem "passo a passo", estratégias de estudo "ativo" etc.
e. Também são desenvolvidas **estratégias para o treinamento da olhada inicial**, tais como a detecção de indicadores, saltos informativos e proposição de hipótese inicial.
f. Treinam-se **estratégias de estruturação informativa**, baseando-se em três tipos de critérios: *gráfico*, dado especialmente pelo texto; *temático*, dado pelos conteúdos, e *lógico*, dado pelos tipos de relação informativa.
g. Ainda, trabalha-se uma **estratégia de ordenação** de textos desordenados, que havia sido previamente comprovada como eficaz para o rendimento escolar.
h. Finalmente, treinam-se **estratégias de elaboração** enriquecedora, tomando como critério as principais "superestruturas" com as quais se relaciona a informação dos textos, que se denominam *rodas lógicas: identificação* (definição, descrição e exemplificação); *distribuição* (enumeração, ordenação e classificação); *inter-relação* (comparação, causa-efeito e circunstâncias); *argumentação* (generalização e avaliação) e *problema-resposta*.

Na avaliação qualitativa do programa, declara-se que os grupos treinados em estratégias de ordenação são os mais beneficiados em relação ao rendimento acadêmico comparados ao grupo de controle, mas o treinamento das outras estratégias de estruturação e elaboração também apresenta resultados favoráveis.

3.3.5 Programa baseado em estratégias (Dansereau, 1985)

É considerado por alguns autores como o mais completo dos programas gerais. Dirige-se a alunos que dão os primeiros passos em carreiras universitárias. As estratégias ensinadas por meio desse programa são classificadas em dois grupos:

1. **Estratégias primárias** (de primeiro e segundo grau), que operam diretamente sobre o material escrito com o propósito de melhorar tanto a compreensão inicial, o uso e a recordação dessa informação quanto a aplicação do aprendido a situações apropriadas (realização de provas, por exemplo).
2. **Estratégias de apoio**, cujo objetivo é dirigir os estados cognitivos e afetivos dos sujeitos durante o estudo e a realização das provas. Nelas o sujeito é instruído a avaliar seus progressos tanto nas metas e horários de estudo, que previamente determinou, quanto na modificação do horário de trabalho em relação à eficácia obtida.

| Ensine a estudar... aprenda a aprender

Para manter a concentração, apesar de fatores que a possam perturbar (como distração e aversão ao estudo), o programa conta com uma combinação de técnicas terapêuticas, tais como a *dessensibilização sistemática*, a *terapia racional emotiva* e terapias baseadas na *autoinstrução positiva*.

Como estratégia de controle, o aluno se submete a uma avaliação global de seus progressos, de maneira intermitente, sendo capaz de realizar as correções necessárias.

3.3.6 Ensino transacional de estratégias (Pressley, Schuder, Bergman e El-Dinary, 1992)

Esses autores informam sobre as características e os resultados de um programa para instrução em estratégias básicas, elaborado e aplicado em algumas escolas de Maryland (EUA), com as seguintes características:

1. O que acontece durante uma sessão de estudo em grupo é acordado mutuamente entre professores e estudantes em "transação" com o texto.
2. O significado/mensagem é desenvolvido por meio da relação entre aluno, professor e texto.

Com base nessas considerações, elaboram um programa denominado **SAIL** (*Students Achieving Independent Learning Program*), desenvolvido explicitamente para modificar o ensino em grupos de estudantes de risco nos cursos de Educação Primária, para tornar os estudantes independentes e bem-sucedidos o quanto antes na escola elementar, independente das experiências formativas anteriores ou do rendimento acadêmico.

A primeira coisa que se tenta é ensinar os estudantes a se comportarem estrategicamente quando leem ou aprendem. O objetivo primordial é conseguir ler para entender e adaptar a conduta de leitura a seu propósito em qualquer ocasião, às próprias características do texto que é objeto de estudo (tipo, estrutura, dificuldade etc.), bem como aos próprios interesses e conhecimentos relacionados com o texto. A ferramenta primária é o ensino direto e explícito. Os professores modelam, treinam e proporcionam oportunidades de os alunos se exercitarem em duplas ou em grupos, e posteriormente de forma independente. Esses procedimentos são aplicados às situações normais de classe sempre que se tratar de atividades que impliquem fazer e avaliar interpretações de textos.

De acordo com as bases teóricas, pede-se aos alunos que pensem em voz alta quando participam das sessões coletivas de estudo. Esse pensar em voz alta permite trabalhar os seguintes aspectos:

> *promover os processos de pensamento enquanto se lê;*
> *estimular os estudantes a associarem o texto a seus conhecimentos prévios e interesses pessoais conforme vão lendo;*
> *proporcionar a cada estudante elementos para uma fácil participação nos debates;*
> *facilitar ao estudante o controle da atenção, do pensamento e das atividades de processamento do texto;*
> *permitir a outros estudantes o acesso a processos de pensamento que de outra maneira permaneceriam ocultos.*

3.3.7 Características das propostas metodológicas

Poderíamos continuar relacionando programas e métodos gerais de trabalho intelectual, mas vamos apresentar, de forma muito sintética, as características que, na opinião de alguns autores, esse tipo de programas e propostas metodológicas deve possuir.

a. Brown, Campione e Day (1981), em uma revisão dos trabalhos que tentam treinar os estudantes para que aprendam a extrair a informação necessária dos livros, comentam que, quando eram treinados em uma estratégia específica de estudo, sem que lhes dissessem por que deviam agir desse modo, realizavam melhor as tarefas experimentais, mas fracassavam quando se tratava de manter e generalizar a estratégia, concluindo que as crianças não usam a atividade treinada por iniciativa própria nem a transferem posteriormente a situações de aprendizagem similares. Por isso, propõem que o ensino das destrezas de estudo deve:
   > **basear-se** em um trabalho sistemático;
   > **informar** o aluno sobre o propósito das estratégias a serem trabalhadas;
   > **ensinar** ao aluno, de maneira explícita, como dirigir e avaliar por si mesmo o uso dessas estratégias.

b. Adams, Carnine e Gersten (1985) apontam que foram realizados poucos estudos que levassem em conta esses três componentes, mas resenham alguns parciais. Em sua pesquisa com alunos de Educação Primária, e após "quatro dias" de tratamento intensivo, apresentam resultados favoráveis, em geral, ao grupo experimental (IS = *instrução sistemática)*, o que consideram uma validação do método SQ3R de Robinson, apesar de informarem acerca da dificuldade dos alunos na fase de *formular perguntas a si mesmos.*

c. Selmes (1988), por sua vez, questiona a virtualidade desses supostamente "bons" métodos de estudo, considerando os manuais que os apresentam como *livros de culinária*, e propõe uma mudança de perspectiva no ensino das habilidades para o estudo que se baseia em uma boa compreensão do processo de aprendizagem nas escolas, que insiste na interação entre o professor e o aluno. Para que os alunos aprendam, devem ser estimulados a desempenhar um papel ativo na aprendizagem.

Segundo esse autor, para conseguir a habilidade necessária de independência e controle de sua própria aprendizagem, os alunos necessitam:

1. **Pensar sobre sua aprendizagem**: *receber ajuda para terem mais consciência do que fazem e para avaliar a eficácia de seu próprio estudo;*
2. **Praticar a estratégia**: *receber ajuda para acumular uma escala de estratégias que aplicarão seletivamente na execução de uma tarefa;*
3. **Ver a importância** *do que professores e especialistas aconselham por meio dos exercícios práticos que focam os tipos de tarefas que realizam na prática diária na escola;*
4. **Oportunidades para refletir** *sobre uma série de conceitos e ideias que descrevam os processos de estudo;*
5. **Aplicar suas novas habilidades** *de estudo em situações similares às encontradas inicialmente ao aprendê-las e em outras situações diferentes.*

A reflexão inicial sobre os enfoques de estudo pode ser estimulada por meio de um curso geral, mas, segundo Selmes, sempre será necessário dar sequência à aplicação em todas as matérias.

d. Helmke e Schrader (1988), nessa mesma linha, apresentam os resultados sobre o estudo independente, no sentido de que a mera quantidade de tempo empregada no trabalho pessoal não apresenta relação com o aumento do rendimento acadêmico. Devido a isso, concluem que aumentar o tempo de estudo pessoal não se justifica, já que os fatores qualitativos, mais que os quantitativos, são os responsáveis pela eficácia no estudo. Nesse sentido, apresentam como condições necessárias para uma maior eficiência no estudo as descritas a seguir:
  › As condições externas devem estar garantidas nas práticas de estudo independente: as atividades complementares e as interrupções de qualquer tipo devem ser reduzidas ao mínimo.
  › É especialmente importante que o trabalho pessoal tenha continuidade. Para garantir isso, essas práticas de trabalho independente devem ser perfeitamente organizadas. Os resultados são positivos apenas quando se atinge um nível mínimo de competência.

> As práticas são mais benéficas quando o professor permanece ativo na classe, não apenas aconselhando, mas também supervisionando o trabalho dos alunos, estimulando-os quando têm dificuldades, sem distrair os outros.

> *Essas proposições defendem **instruir os sujeitos em habilidades e estratégias dentro do contexto natural de cada matéria** em que se aplicam. Visam ao desenvolvimento de um modelo de ensino segundo o qual o aluno aprende primeiro com a ajuda do professor, até que, quando interioriza e adquire um domínio comprovado das habilidades e das estratégias desenvolvidas, o estudante já é capaz de agir por si mesmo, sem a presença do professor.*

Uma finalidade similar é atribuída ao auxílio fornecido pelos **monitores,** quando estes dão uma ajuda temporária aos estudantes, permitindo-lhes até mesmo que rendam em um nível um pouco superior a seu nível real de competência. Essa ajuda é retirada gradualmente, à medida que o estudante vai ganhando autonomia e capacidade de realizar sozinho suas tarefas de aprendizagem. O sistema segue basicamente os seguintes passos:

> Primeiro o professor serve de modelo, desenvolvendo corretamente a atividade.
> Posteriormente, professor e aluno realizam conjuntamente a atividade, com o aluno se responsabilizando progressivamente pela tarefa, até que, no final, é capaz de realizá-la sem ajuda do professor.

e. De Corte (1990) propõe algumas técnicas para que os professores ajudem os estudantes a adquirirem e integrarem os diferentes tipos de conhecimento e habilidade necessários, dividindo-as em quatro categorias:

1. Três técnicas que constituem a essência do *aprendiz cognitivo*, baseadas na observação, na prática guiada e no *feedback*. Têm como objetivo a aquisição de um conjunto integrado de habilidades cognitivas e metacognitivas, como as seguintes:

    > A **modelagem**: permite ao aprendiz elaborar um modelo mental adequado das atividades necessárias para executar a tarefa.
    > A **atenção individual**: o professor observa a tarefa e fornece pistas e *feedback* com vistas a melhorar o rendimento.
    > A **sustentação**: consiste em proporcionar apoio direto ao estudante enquanto está realizando a tarefa.

2. Dois métodos que têm como objetivo fazer com que os estudantes se tornem conscientes de suas próprias atividades cognitivas e metacognitivas:

> A **articulação**: refere-se a qualquer técnica que ajude o estudante a representar e expressar, de forma explícita, seu conhecimento e procedimentos na solução de problemas.
> A **reflexão**: leva o estudante a comparar suas próprias estratégias cognitivas e processos de resolução com aqueles utilizados pelos especialistas, por outros colegas ou, em último lugar, com um modelo mental da execução experimentada.

3. A **exploração**, que tem por objetivo aumentar a autonomia do estudante nas diversas destrezas de aprendizagem e situações novas.
4. A **generalização ou transferência**, que consiste em mostrar aos estudantes, de forma explícita, como certas estratégias cognitivas, adquiridas em um contexto ou área, podem servir em outras situações.

f. Pressley e outros (1992), após revisarem alguns sistemas de ensino de estratégias básicas com bons resultados, apresentam suas características:
1. O ensino das estratégias cognitivas é parte integral do currículo escolar, normalmente ensinado por meio da leitura de aventuras ou de textos expositivos para objetivos reais escolares, seja para desfrutar a leitura, para aprendizagem e melhoria dela, seja para ler a fim de aprender.
2. Essas estratégias são apresentadas aos alunos por meio do ensino direto de sua natureza e significação mediante modelagem. Pode haver explicações e modelagem adicionais, se for necessário, nessa espécie de *sustentação* que citamos antes, na qual os professores supervisionam os estudantes quando aplicam as estratégias a situações acadêmicas reais. Esse apoio vai sendo reduzido à medida que vão ganhando experiência em adaptar as estratégias a novas tarefas e materiais.
3. Os professores debatem, confirmam e modelam uma conduta flexível e estratégica que requer pensamento consciente, e os estudantes assumem que os processos são mais importantes que a exatidão de determinadas respostas.
4. Os professores estimulam os alunos a adquirir as estratégias trabalhadas e a aplicá-las a novas situações, na certeza de que a conduta estratégica é importante para o sucesso acadêmico.
5. Os professores devem enfatizar a necessidade de ativar os conhecimentos prévios enquanto durar o trabalho com textos, na certeza de que possuem recursos internos que tornam possível alcançar o sucesso escolar.
6. Os professores se utilizam de boas estratégias básicas e aproveitam os interesses particulares, as necessidades e as capacidades dos alunos para fomentar um clima favorável à aprendizagem.

7. Insiste-se na flexibilidade, tanto na aplicação e adaptação das estratégias quanto na interpretação dos textos. Reconhece-se explicitamente que, como há diversidade de objetivos, de conhecimentos prévios e de interesses, necessariamente deverá haver diversas estratégias de abordagem e de interpretação do texto.

3.4 Bases psicopedagógicas da aprendizagem escolar ou acadêmica

O *ensino* e a *aprendizagem* são dois processos, ou melhor, *dois componentes* de um *mesmo processo* que denominamos "ensino-aprendizagem", que é consequência de toda uma série de atos didáticos intencionais e graças aos quais se modificam condutas (aprendizagem) de um indivíduo, levando em conta todo tipo de fatores e interações intervenientes, tanto internos quanto externos.

Para que a aprendizagem ocorra, é preciso que haja a *intervenção de diversos fatores*. Essa é uma questão tratada e muito debatida pelos psicólogos da aprendizagem. Entre a postura de Piaget, que considera que a aprendizagem ou a disposição para aprender depende do amadurecimento e da evolução que vai se dando nos diversos estágios evolutivos, independente das influências extrínsecas, até a postura defendida em parte por Bruner, ao afirmar que a aprendizagem e a disposição para aprender dependem de fatores e influências exógenas, caberia uma via intermediária com diversas variantes e considerações que conceba a aprendizagem *como resultado da confluência de diversas atuações e influxos, tanto intrínsecos quanto extrínsecos ao indivíduo*, postura aceita pela maioria dos autores.

> Está fora de qualquer dúvida que na aprendizagem escolar ou acadêmica o protagonista seja o aluno como pessoa. Suas qualidades de aptidão, suas condições intelectuais, suas atitudes e predisposições perante a aprendizagem, seus contextos de vida (pessoal, familiar e social), bem como sua adaptação e integração ao meio, e sua capacidade de trabalho organizado, metódico e esforçado são os aspectos fundamentais que determinam e definem as bases psicopedagógicas de sua aprendizagem.

3.4.1 Fases da aprendizagem escolar ou acadêmica

As bases psicopedagógicas da aprendizagem escolar/acadêmica ficam evidentes na análise das seguintes fases pelas quais transcorre:

a. **Predisposição** – Refere-se à preparação ou *disposição para aprender*, para receber e captar os estímulos externos. É o momento inicial de aprender, imprescindível para que se dê a aprendizagem, relacionando-se com a *vontade*, com o *querer aprender*, com o *interesse* e a *motivação* do aluno. Quando se quer aprender, a predisposição positiva inicial favorece, em grande medida, sua possibilidade, ao passo que, se inicialmente não há uma predisposição positiva para uma determinada aprendizagem, já se parte de um impedimento importante para que se consiga uma adequada aprendizagem. A motivação e o interesse do estudante influem de forma determinante para que exista a necessária predisposição para aprender.

b. **Captação** – Refere-se à capacidade de *recepção de mensagens ou apreensão dos estímulos provenientes de fora*. Segundo as proposições clássicas da comunicação, trata-se da atuação do *estudante que aprende* como **receptor**, ao passo que o *docente* ou outro agente ou fonte age como **emissor** *de mensagens*.

c. **Compreensão** – Refere-se à *inteligibilidade*, por parte do estudante, da *unidade de aprendizagem*, isto é, significa saber decifrar ou compreender a ideia ou conjunto de ideias contidas na mensagem transmitida por via oral ou escrita.

d. **Retenção** – Diz respeito à *fixação* do aprendido, bem como à *organização mental das diversas ideias e conceitos* captados e compreendidos. O trabalho que o estudante deve realizar consiste em um *armazenamento ordenado*, no qual se relacionam ideias e se associam conceitos novos com outros adquiridos anteriormente. Nessa fase, a faculdade da **memória** tem um papel prioritário.

e. **Emissão** – Em linhas gerais, corresponde à capacidade de *evocação das ideias captadas, compreendidas* e *retidas*. A **recordação** de ideias, dados, *saberes* é uma comprovação de que a unidade de aprendizagem foi fixada. Na capacidade de recordar, interfere, entre outros fatores, a *memória*, visto que o estudante deve saber recordar para poder emitir ou expor seus conhecimentos adquiridos. Definitivamente, *só podemos dizer que sabemos alguma coisa quando somos capazes de recordá-la no momento em que precisamos dela!*

3.4.2 Motivação, inteligência e memória

Os autores expõem, de uma forma ou de outra, que a **motivação**, a **memória** e a **inteligência** são três fatores psicopedagógicos prioritários que condicionam, em grande medida, o desenvolvimento da aprendizagem acadêmica do estudante.

A motivação

É interessante estudar os núcleos principais da motivação, que podem proporcionar ao aluno a energia ou o impulso necessários para um trabalho eficaz, com assimilação pessoal e profunda do que aprende. Devemos partir de um pressuposto fundamental: a unidade estrita do ser humano, fato pelo qual se deve atender ao desenvolvimento integral e harmonioso da pessoa do aluno, em todos os seus aspectos. Eis aqui alguns dos *núcleos da motivação*:

a. *Satisfação das necessidades básicas da pessoa do aluno*
   › Motivação remota, difusa, mas necessária.
   › Satisfação afetiva profunda e próxima:
      › nas relações do ambiente familiar;
      › nas relações com os educadores;
      › nas relações com amigos e colegas.
   › Certeza profunda de que é aceito em seu meio e adaptado a seu entorno, de que seus problemas são compreendidos e de que é ajudado em suas dificuldades.
   › Atitude de estímulo positivo por parte dos professores e reconhecimento dos esforços que faz para progredir, de seus comportamentos positivos etc.
   › Ambiente que gere um clima agradável e satisfatório na instituição de ensino:
      › liberdade razoável;
      › participação na vida e na organização escolar;
      › esportes e atividades complementares atraentes, que atendam ao desenvolvimento integral da pessoa.

   Dos aspectos anteriores, surgirá mais facilmente uma sensação de segurança e autoconfiança, uma atitude otimista e aberta do aluno. Tudo isso configura um terreno favorável para uma entrega ao trabalho eficaz nas atividades escolares ou acadêmicas.

b. *Sensação de avanço progressivo das relações próprias da pessoa do aluno*
   É a sensação de desenvolvimento, de aperfeiçoamento e de afirmação do próprio "eu". Em muitos casos (principalmente com alunos de pouca idade), não se tratará de uma sensação reflexa e consciente, mas sim de uma simples intuição ou percepção emocional confusa, pouco ou nada consciente. A motivação direta e imediata, estreitamente relacionada à atuação docente e à dinâmica da organização escolar, abarca um conjunto de elementos e aspectos muito diversos, como:
   › Saúde e vigor suficientes para que o aluno possa realizar sem dificuldade os esforços das tarefas escolares.
   › Habilidades básicas suficientes nos aspectos relativos à coordenação visomotora, à estruturação e análise do espaço, ao domínio dos conceitos fundamentais espaço-temporais etc. São aspectos da maior importância nos primeiros anos de escolaridade em relação à aprendizagem da leitura, da escrita e do cálculo (*técnicas instrumentais básicas*), mas também nos anos seguintes, pelas consequências que têm na realização dos estudos posteriores. São necessárias atenção e

ajuda especiais para que o aluno não se sinta frustrado, sem possibilidade de se realizar, em situação de inferioridade perante os colegas ou desanimado diante do esforço do estudo e das tarefas escolares.

› A capacidade intelectual necessária para um determinado nível escolar ou acadêmico, a necessidade consequente de acomodar o ritmo de aprendizagem, a dosagem na quantidade de conteúdos etc. são outros tantos aspectos que devem ser adequados à capacidade do aluno para que não se sinta frustrado e desanimado diante das dificuldades das tarefas escolares, mas sim relativamente confortável em um nível de exigência compatível com suas possibilidades, na medida em que for possível.

› O apoio à base necessária de conhecimentos prévios para chegar à assimilação de novos conhecimentos nas matérias que requerem certa continuidade precisa de ajuda especial nos casos em que existam falhas significativas nesse aspecto, para que o aluno não se sinta frustrado e sem possibilidade de ir avançando em seu progresso pessoal.

› Treinamento adequado nas técnicas instrumentais de trabalho intelectual (*rapidez de leitura, compreensão de leitura, conhecimento de vocabulário, facilidade para resumir as ideias principais, método prático para levantar ou analisar os problemas etc.*). São técnicas instrumentais que podem facilitar a assimilação de conhecimentos, favorecendo no aluno a sensação de autorrealização e reforço da própria atividade escolar.

› Métodos ativos de ensino, que permitam o desenvolvimento das qualidades pessoais do aluno, com um treinamento adequado para que esses métodos sejam úteis, são elementos de grande importância para criar a autoconfiança na realização progressiva da própria pessoa, ao mesmo tempo que evitam a mera recepção passiva dos conhecimentos.

Podemos resumir tudo isso à preocupação psicopedagógica de possibilitar ao aluno realizar o que lhe é exigido com a finalidade de fomentar a segurança e a confiança em si mesmo.

c. *Sentimento de interiorização e afirmação do progresso pessoal do aluno*

Trata-se da crescente conformidade dos conteúdos, que o estudante deve relacionar com seus interesses de vida. É o sentimento profundo, embora ainda inconsciente em muitos casos, de que o que aprende é algo interessante para ele, para o seu próprio aperfeiçoamento e realização pessoal. É o conhecimento dos focos de interesse mais comuns e intensos, segundo as diversas etapas evolutivas do aluno. Na medida do possível, os focos de interesse particulares que alguns alunos possam ter, seja pelo ambiente sociocultural da família, seja pela profissão dos pais etc., devem ser levados em conta para motivar e conseguir maior interesse do aluno diante de novos conteúdos ou de tarefas que requeiram um esforço superior.

É necessário prestar especial atenção aos focos de maior interesse para o aluno quando este chega à adolescência, levando em conta a instabilidade e as grandes mudanças a que estão sujeitos os interesses nessa idade, no que se refere a aspectos psicopedagógicos. São focos de interesse como os seguintes:
> segundo os projetos de vida futura que vai formando;
> segundo a imagem de vida pessoal que vai formando como ideal;
> segundo o conceito de mundo que vai formando; a escala de valores éticos, morais, culturais etc., tudo isso somado às experiências do ambiente social, escolar e familiar em que vive.

Outros aspectos dentro dos núcleos fundamentais podem prejudicar o desenvolvimento pessoal se não forem utilizados com a discrição e o tato necessários. Podemos apontar alguns, como:
> castigos, ameaças ou sanções;
> recorrer à emulação, à satisfação pessoal pelo triunfo sobre os demais ou a um sentido altruísta de servir e ajudar os outros, de servir à sociedade etc.;
> recurso de fomentar indiscriminadamente o sucesso em algum aspecto ou área determinada, como compensação ao fracasso em outras áreas ou aspectos.

A *motivação*, junto com a *vontade*, o *interesse* e a *atitude*, constitui o núcleo básico das bases psicopedagógicas da aprendizagem dos alunos. É a faculdade mental e psicológica que favorece a *tendência do sujeito a aprender*. É determinada por um conjunto de motivações e circunstâncias internas e externas, que condicionam o aluno a ter maior ou menor vontade de aprender, ou a aumentar ou diminuir seu interesse pelo estudo. A motivação está condicionada, entre outros, pelos seguintes elementos:

> *Nível de conhecimento e de aceitação*, por parte do estudante, dos *objetivos a atingir e das atividades a realizar* – Um desconhecimento ou rejeição do que se pretende ou do que se pensa fazer dificulta, em grande medida, a aprendizagem.
> *Tipo de clima familiar, escolar e social* – O fato de o aluno se sentir desgostoso, no âmbito familiar, no escolar ou no social, não favorece em nada sua possibilidade de aprender, e isso em qualquer idade, o que engloba tanto aspectos materiais como relacionais e afetivos. A autoestima, o autoconceito ou a capacidade de adaptação e de integração do estudante influem decisivamente em seu nível de motivação.
> *A própria matéria de estudo* – Os conteúdos, objetos de estudo, contribuem para que o aluno se encontre em disposição positiva ou negativa para o fato de aprender.

Os conteúdos acessíveis e significativos para o estudante favorecem sua motivação para a aprendizagem.

> *A forma de transmissão de mensagens* – Os materiais, as estratégias de ensino, o estilo de professor etc. são elementos diretamente vinculados ao fato de o estudante se sentir motivado e interessado ou não pela aprendizagem. Materiais pouco atraentes, estratégias de ensino negativas, distantes ou autoritárias ou um professor que fomente a passividade em pouco ou nada facilitam ao aluno se sentir motivado pelo objeto de estudo e pela aprendizagem.

> *Grau de novidade e utilidade do tema* – À medida que aquilo que será aprendido fuja da rotina e possa ser visto pelo estudante como útil, prático, próximo e significativo, aumentará em quantidade e qualidade a motivação e, portanto, o desejo de aprender. Enfim, trata-se de haver motivos para que exista um interesse, um desejo de aprender, o que remete diretamente ao querer ou ter vontade para se dedicar ao trabalho/estudo que possa levar o aluno a conseguir o que pretende, a obter aprendizagem e rendimento adequados, significativos e eficazes.

A inteligência

É a faculdade por meio da qual o indivíduo é capaz de abstrair, bem como de se adaptar às novas situações que constantemente vão surgindo, sabendo resolver os problemas propostos. Graças à inteligência, o homem é capaz de realizar diversas funções, tais como *adaptar-se, assimilar, associar, produzir, compreender, ordenar, analisar, sintetizar* etc. Por isso, aceita-se que, além de um fator de inteligência geral, sejam reconhecidos outros fatores diferenciais ou específicos da inteligência, como o *numérico*, o *verbal*, o *espacial* etc. Também é importante avaliar as diversas funções e *modos de operar* da inteligência humana. Daí que possamos falar de inteligência *racional*, inteligência *emocional*, inteligência *estratégica*, inteligência *empresarial* etc.

> Por exemplo, Goleman (1995) define a inteligência emocional como a capacidade de reconhecer os próprios sentimentos, os dos outros, e de saber gerir adequadamente as relações com as pessoas de nosso entorno e conosco mesmos. Ele estabelece cinco funções ou competências básicas dessa modalidade de inteligência:
>
> a. conhecer as emoções próprias e saber que aspectos ou elementos podem nos fazer perder o controle;

> b. *ter capacidade de controlar as emoções e saber aguentar as situações de conflito;*
> c. *ter capacidade para nos motivarmos, saber buscar aspectos que despertem nosso interesse e refazermo-nos depois de um fracasso;*
> d. *reconhecer as emoções dos outros e saber nos colocar no lugar do outro para percebermos as circunstâncias de um colega ou outra pessoa próxima;*
> e. *controlar as relações para saber trabalhar em equipe, negociar, dialogar ou liderar.*

A inteligência se manifesta com um *desenvolvimento paralelo ao desenvolvimento biológico*. Também existe uma constante discussão sobre se a inteligência é influenciada por fatores hereditários (congênitos) ou adquiridos (ambientais). Na realidade, existem provas de que ambos os grupos de condicionantes têm seu peso específico no desenvolvimento da faculdade intelectiva. O mais prudente é aceitar uma postura eclética, podendo-se considerar a *inteligência como algo modificável em função dos fatores genéticos e hereditários e das influências externas do entorno.*

Embora sem a intervenção dos fatores da inteligência não se possa produzir aprendizagem, convém apontar que com o concurso exclusivo dela também não se gera o processo de aprender. É necessário o concurso de outras faculdades ou aptidões, como a *memória*, a *atenção*, a *motivação*, os *hábitos*, as *atitudes*, a *percepção* etc., na condição de fatores psicopedagógicos intrínsecos ao estudante para favorecer o estudo e a aprendizagem.

A memória

É a *capacidade de assimilar, fixar, reter e evocar fatos, fenômenos, acontecimentos, ideias, conceitos* etc., ou seja, *unidades de aprendizagem*. A memória constitui um fator imprescindível ao processo de ensino-aprendizagem, sem o que não se pode aprender nem comprovar que uma pessoa aprendeu. Em alguns momentos e ambientes houve desprezo, ridicularização ou subvalorização da memória como capacidade necessária para a aprendizagem escolar. Se, de um lado, devemos *repudiar a utilização da memória mecanicista, academicista ou irracional*, o que vulgarmente chamamos de *aprendizagem memorística*, de outro, fazer *uso inteligente da memória*, depois de raciocinar e compreender o conteúdo de estudo com uma aprendizagem significativa e por descoberta, tem múltiplas e importantes aplicações que não podemos desprezar sem incorrermos em irresponsabilidade.

Quanto à utilidade da *memória como fator* de aprendizagem escolar, é *mais efetiva quanto mais sentidos intervierem*, levando em conta que a maior parte do que é aprendido se deve à *visão*, em segundo lugar à *audição*, e o resto aos demais *sentidos*. Sem negar a grande importância da leitura na aprendizagem, convém considerar que a maior parte da aprendizagem se deve ao que *se diz e se faz*, fato pelo qual se deve atentar não só para a leitura, a audição e a evocação, mas também e principalmente para a *realização do lido, do ouvido e do evocado*, a fim de conseguir uma afirmação e uma retenção mais completas e seguras.

3.5 Perspectivas atuais da aprendizagem

3.5.1 A aprendizagem na sociedade do conhecimento

O homem pode ser considerado um aprendiz permanente, dado que até mesmo as atividades de mais baixa categoria intelectual por ele realizadas requerem um treinamento que teve que ser apropriado e desenvolvido. É de se fazer notar, aqui, que esse tipo tão elementar de aprendizagem é levado a cabo de forma quase sempre inconsciente por parte do sujeito que o realiza e que, no máximo, chega a ter consciência de seu próprio nível apenas em uma ou outra atividade.

A aprendizagem precisa, previamente, de amadurecimento fisiológico e psicológico, conforme o tipo de aprendizagem a realizar por parte do aluno, e podemos afirmar que, se o indivíduo não está preparado para aprender, se não está maduro, é inútil tentarmos levar a cabo uma verdadeira aprendizagem. A maturidade, seja fisiológica, seja psicológica, é exigida à medida que a requerem as atuações ou condutas que serão operadas posteriormente.

Os especialistas que, liderados por Jacques Delors (1996), elaboraram o último relatório da Unesco, estabelecem os quatro pilares da educação do terceiro milênio: "aprender a aprender, aprender a conhecer, aprender a fazer e aprender a compreender o outro". Com a invenção do rádio, em 1948, houve o desenvolvimento de uma *revolução tecnológica, eletrônica e telemática* que estimulou a explosão do crescimento do conhecimento, do acúmulo de informação e da aplicação dessas novas tecnologias ao mundo da educação.

> "Pensar, então, em começar a informar crianças sobre temas avançados desde cedo não é ideia absurda nem impossível, é necessária e factível, porque, além de tudo, agora é preciso transmitir-lhes ao mesmo tempo muito mais informação e conhecimento que antes. Evidentemente, com o sistema de ensino empregado atualmente, não se consegue isso, nem com as teorias de aprendizagem que até pouco tempo existiam, como o comportamentalismo ou o cognitivismo, com suas escolas e posições teóricas. Já foram estudadas e elaboradas muitas teorias sobre a aprendizagem que, evidentemente, estão voltadas a uma aprendizagem apoiada pelo computador." (Unesco)

A consolidação de interfaces gráficas e o fortalecimento das aplicações das novas ferramentas de informática ampliaram a perspectiva da aprendizagem em um contexto saturado de informação que continua se ampliando incessantemente. As potencialidades dos equipamentos de informática devem ser aproveitadas para *apresentar, representar, transformar* a informação e para induzir formas específicas de *interação* e *cooperação*, por meio do intercâmbio de dados na internet e nos *sites*. Impõem-se novas *linguagens*, técnicas e procedimentos próprios da **sociedade do conhecimento**, na qual nos encontramos globalizados.

Essas concepções conduzem a um conjunto de teorias e conclusões inovadoras que não se limitam apenas ao uso do computador como ferramenta essencial no novo esquema de aprendizagem, mas que se ampliam a instâncias como os meios de comunicação, em especial a televisão, e os recursos educacionais a distância, no *e-learning*: internet, videoconferência, DVD etc. A nova aprendizagem implica as seguintes variáveis:

a. A aprendizagem é um processo cumulativo que se baseia no que os estudantes já conhecem e sabem fazer e na possibilidade que têm de filtrar e selecionar a informação que considerem relevante no meio para redimensionar seu conjunto próprio de habilidades.
b. Os estudantes podem autorregular a aprendizagem, visto que têm ciência de sua própria *maneira de conhecer* e, com isso, a aprendizagem adquire uma dimensão metacognitiva e, em consequência, menos dependente de esquemas e instruções educacionais externas predeterminadas.
c. A aprendizagem visa alcançar metas porque o estudante tem consciência clara do que busca e da autodeterminação requerida para alcançá-las.
d. A aprendizagem é um processo que requer colaboração. Não é exclusivamente uma atividade mental, mas sim uma tarefa que compreende a interação com o meio ambiente social e natural.
e. A aprendizagem é individualmente diferente, e, portanto, os estudantes variam entre si. Isso propõe um sério questionamento ao esquema tradicional dos sistemas educacionais e da escola, que desconhecem as diferenças entre os alunos e assumem que todos têm as mesmas idades, aptidões, inclinações, concepções e os mesmos contextos, estilos cognitivos etc. Aferrar-se a essas proposições limita o alcance dos novos modelos educacionais e desvirtua o *valor intrínseco das leis da aprendizagem*.

Em suma, as novas teorias da aprendizagem tentam desligar-se do meramente operativo e determinado, que foi a característica mais relevante das teorias até agora desenvolvidas. O entendimento da aprendizagem como um processo multivariável, individual e autorregulado propõe um novo desafio à educação atual. Já não é só questão de limitar as bases fundamentais da aprendizagem escolar, de identificar as causas e os efeitos das mudanças acadêmicas, mas sim de ampliar o conceito de aprendizagem para outras variáveis contextuais, como os estados emocional, físico e sociocultural do estudante.

3.5.2 A aprendizagem permanente durante toda a vida

A Unesco, há anos, já pôs em circulação o lema da **aprendizagem no decorrer de toda a vida** com o objetivo de fomentar a educação de adultos, ao mesmo tempo que se superava a ideia tradicional de limitar o tempo de aprendizagem a determinadas idades. Como consequência, a **aprendizagem permanente** transformou-se, atualmente, em uma peça-chave da economia baseada no conhecimento e na sociedade da informação. Tanto sob a perspectiva do crescimento econômico, da competitividade e da inovação, quanto sob a perspectiva da inclusão social e da igualdade de oportunidades, o objetivo de dotar a cidadania dos instrumentos necessários para enfrentar os desafios da inovação tecnológica, da mudança nas formas de produção e das transformações societárias e para participar ativamente da sociedade leva-nos necessariamente a trabalhar para favorecer e impulsionar a aprendizagem permanente de todos.

As pessoas têm de estar em condições de se adaptar às profundas mudanças que estão acontecendo na sociedade e na economia baseada no conhecimento e que se caracterizam, especialmente, pela profusão das mutáveis tecnologias da informação e da comunicação. As pessoas devem atualizar, ampliar e renovar seus conhecimentos, habilidades e destrezas de modo permanente.

É imprescindível a capacidade humana de gerar e utilizar conhecimentos de modo eficaz e inteligente, com base em uma constante transformação. Diante dessa situação, é necessário um novo enfoque de educação e de formação que aborde, de forma coerente e integral, os novos desafios da sociedade e da economia baseada no conhecimento: a **aprendizagem permanente e durante toda a vida**. O essencial desse enfoque é a concepção de uma política global que tenha como objetivo fazer com que todas as pessoas, de todas as idades, envolvam-se em atuações de aprendizagem; uma política global que integre as diversas atuações que já vinham sendo realizadas e que ofereça novas linhas de atuação com a participação da sociedade civil. Supera-se, assim, o quadro estrito da formação profissional ou vocacional para se passar a uma concepção muito mais ampla da aprendizagem. Supera-se a ideia de que a aprendizagem se concentra em uma fase específica da vida (a idade de estudante), para estendê-la durante todo o ciclo de vida, embora com diferente intensidade, elaborada para atender a diferentes objetivos, com formas de acesso adaptadas às diversas necessidades, com diferentes metodologias de ensino de acordo com as diversas formas de aquisição de conhecimentos. Supera-se, também, a ideia de que a aprendizagem se limita aos contextos formais, regrados e institucionais (as instituições de ensino, os centros de formação profissional e as universidades), para se passar a uma avaliação da aprendizagem adquirida em contextos não formais ou até mesmo informais, nas diversas esferas da vida cotidiana (pessoal, familiar, profissional, entre outras). A aprendizagem permanente trata, enfim, de englobar todos os aspectos da educação e da formação, incluindo os não formais, no decorrer de toda a vida útil dos cidadãos.

3.5.3 Dimensões da aprendizagem permanente

O desenvolvimento da aprendizagem permanente tem três dimensões fundamentais: a inovação, a inclusão social e a cidadania ativa (*Livro Branco da Aprendizagem no Decorrer da Vida*, 2003).

I. **A aprendizagem permanente e a inovação**

O conhecimento tornou-se o recurso estratégico por excelência das organizações e dos territórios. As organizações veem-se absorvidas por uma corrida interminável para melhorar a gestão, introduzir parâmetros de qualidade total, inovar permanentemente e adaptar-se a novos entornos associativos, competitivos e normativos.

Na sociedade da informação e na economia baseada no conhecimento, ocorrem transformações tecnológicas, econômicas e societárias a uma velocidade vertiginosa, com aceleração crescente. Essas transformações são tão radicais que é crucial dotar as pessoas, como agentes econômicos, das necessárias capacidades ou habilidades básicas que lhes permitam atualizar, assimilar, transferir e compartilhar conhecimentos, que aumentem sua capacidade de adaptação a uma situação em constante mudança, por isso o duplo objetivo de dotar a população ativa dos instrumentos necessários para enfrentar os desafios da inovação tecnológica e de atrair para a atividade econômica, por meio da aprendizagem, as pessoas que se encontram em situação de inatividade trabalhista.

II. **A aprendizagem permanente e a inclusão social**

A aprendizagem permanente é, também, uma ferramenta que permite outorgar à pessoa mais autonomia, ajudando-a a tomar decisões e a assumir responsabilidades na concepção de seus projetos de vida, em seu desenvolvimento pessoal e profissional. Nesse sentido, a estratégia da **aprendizagem durante a vida** pode e deve atender especialmente às pessoas desfavorecidas – por questões de sexo, idade, orientação social ou étnica –, que normalmente contam com menor grau de formação ou educação, dotando-as das competências básicas atualizadas, necessárias para aumentar sua empregabilidade e facilitar, assim, sua inclusão social.

III. **A aprendizagem permanente e a cidadania ativa**

A aprendizagem no decorrer de toda a vida favorece igualmente a consequência da cidadania ativa por meio do aumento de conhecimento, o que reforça o espírito crítico e contribui para uma melhor compreensão da sociedade, dos direitos e deveres dos cidadãos e do funcionamento do sistema institucional, político e econômico local, regional, estatal.

Com isso, as pessoas poderão influir de forma mais eficaz nas decisões que as afetam diretamente, e assim se fomentará sua participação cidadã na vida social.

3.5.4 Novos desafios da educação permanente

Essa tripla dimensão da aprendizagem permanente traz novos desafios à aprendizagem, às políticas educacionais e sociais, e isso sob diversas perspectivas, desde a financeira até a organizacional.

I. A pessoa no centro do sistema de aprendizagem

As pessoas devem planejar atividades de aprendizagem coerentes durante suas vidas, e para isso é necessário que disponham de orientação e oferta formativa suficientes, próximas a elas, adaptadas às suas necessidades e que sejam satisfatórias tanto no aspecto pessoal quanto no profissional.

A pessoa passa para o centro do sistema da aprendizagem. A responsabilidade lhe é dada e ela é ajudada e assessorada para que identifique permanentemente suas necessidades específicas de aprendizagem e se envolva na concepção de um itinerário educacional individualizado. Uma estratégia de aprendizagem permanente deve proporcionar *apoio à pessoa*: informação sobre as oportunidades e as condições de aprendizagem (custos, calendários, lugares, horários, conhecimentos prévios requeridos, materiais, metodologias), desde o âmbito local até o continental. Deve proporcionar, da mesma forma, uma assessoria ou mediação de qualidade, facilitar a criação de itinerários individualizados de aprendizagem e estimular todas as pessoas a adquirirem as competências básicas requeridas pela sociedade do conhecimento.

Nas fases posteriores ao ensino obrigatório, a centralidade da pessoa implica que a oferta formativa seja adequada às suas necessidades, e não vice-versa. Assim, a aprendizagem constitui um exercício de liberdade pessoal, de responsabilidade e de destaque da pessoa, que desenvolve sua aprendizagem em função do que precisa e deseja, não em função do que é oferecido no mercado formativo e educacional.

II. Mudança de perspectiva cultural

Todas essas transformações e a tripla dimensão da aprendizagem permanente implicam uma *mudança cultural*, uma *mudança de mentalidade*. Com a ideia da aprendizagem durante toda a vida ocorrem mudanças de extrema importância:

› Muda a maneira de entender o próprio ciclo de vida sobre o qual gira a organização social e econômica ao se desfazerem as fronteiras até então rígidas entre as diversas fases da vida: escolarização durante a infância e adolescência, prolongada, quando for o caso, com o ensino universitário; trabalho durante a idade adulta e ócio durante a terceira idade.

› Muda a assunção de responsabilidades pela criação dos próprios itinerários de aprendizagem contra os currículos obrigatórios do ensino regulamentado.
› Muda a própria forma de entender o estudo em face da concepção da aprendizagem como algo lúdico e participativo.
› Muda até mesmo a organização do tempo de lazer e de trabalho. Com a expansão da oferta educacional, a necessidade da permanente atualização dos conhecimentos e a contribuição das novas tecnologias da comunicação e da informação, passou-se do "estuda ou trabalha" ao "estudo e trabalho".

Surge, assim, uma nova *cultura da aprendizagem*, na qual se envolve, potencialmente, toda a sociedade, tanto seus indivíduos como suas instituições, que tornam possível a *sociedade do conhecimento* aberta, dinâmica e global.

4. Aplicações: da *formação*... à *prática*

4.1 Professor: *Ensine a estudar!*

> *Para atingir os objetivos desta unidade didática, propomos, a título de exemplo, as seguintes atividades para desenvolver aplicações práticas e o convidamos a realizar outras similares.*

1. Procure exemplos de aplicação das **leis** ou **princípios** de aprendizagem na prática do ensino do professorado: *do efeito, do exercício, da preparação ou disposição, da pertinência, da intensidade, da semelhança, do contraste, da transferência.*
2. Descreva uma situação, em sala de aula, de aprendizagem cognitiva por **recepção** e outra por **descoberta** e analise sua eficácia na aprendizagem de seus alunos.
3. Revise suas programações curriculares à luz das **propostas metodológicas de aprendizagem** e selecione as estratégias que mais facilitem a aprendizagem de seus alunos.
4. Comente com os colegas da equipe docente a proposta de Freinet: "Não se pode fazer beber um cavalo que não tem sede. Pode-se levar um cavalo até o rio, mas não se pode obrigá-lo a beber" e sua relação com as *bases psicopedagógicas* de seus alunos.

5. Reflita individualmente, ou com os colegas da equipe docente, sobre a incidência da **sociedade do conhecimento** e dos novos desafios da **educação permanente** na prática do ensino na instituição em que você atua.

4.2 Aluno: *Aprenda a aprender!*

> *Para atingir os objetivos desta unidade didática, propomos, como exemplo, as seguintes atividades para desenvolver aplicações práticas e o convidamos a realizar outras similares, todas elas com o objetivo de que os alunos cheguem a **aprender a aprender** por si mesmos. Complemente essas atuações propiciando aos alunos, de maneira eficiente, que realizem, de forma **autônoma**, **voluntária** e **habitual**, aplicações similares na prática de estudo.*

1. Proponha debates de reflexão com os alunos sobre o que representa o **trabalho intelectual** para eles como seres humanos.
2. Potencialize atividades diversas com os alunos para melhorar a compreensão que eles têm dos textos de estudo.
3. Analise com seus alunos as características das estratégias de ensino e de aprendizagem que utilizam em sala de aula.
4. Realize com os alunos um diagnóstico ou uma autoavaliação relativa a uma das bases psicopedagógicas da aprendizagem escolar – motivação, capacidade intelectual ou memória – e faça com que vejam a repercussão delas no sucesso dos estudos que realizam.
5. Debata com os alunos sobre o que pode representar para eles a educação permanente durante a vida e sobre a postura que devem assumir diante dessa nova cultura em um mundo globalizado e da aplicação das *novas tecnologias*.

5. Bibliografia

ADAMS, A.; CARNINE, D., e GERSTEN, R. (1985). "Estrategias de instrucción para el estudio de textos disciplinares en los grados intermedios". *Infancia y aprendizaje,* 31-32, 109-128.

ALONSO TAPIA, J. (1987). ¿*Enseñar a pensar? Perspectivas para la educación compensatoria*. Madri, Cide.

ÁLVAREZ, M.; FERNÁNDEZ, R.; RODRÍGUEZ, S., e BISQUERRA, R. (1988). *Métodos de estudio*. Barcelona, Martínez Roca.

ARAÚJO, J. B. e CHADWICK, C. B. (1988). *Tecnología educacional. Teorías de la instrucción*. Barcelona, Paidós.

AUSUBEL, D. P.; NOVAK, J. D. e HANESIAN, H. (1989). *Psicología cognitiva. Un punto de vista cognoscitivo*. México, Trillas.

BAUMAN, J. F. (1985). "La eficacia de un modelo de instrucción directa en la enseñanza de la comprensión de ideas principales". *Infancia y Aprendizaje*, 31-32, 89-105.

_____. (1990). *La comprensión lectora (Cómo trabajar la idea principal en el aula)*. Madri, Visor-Aprendizaje.

BROWN, J. S.; CAMPIONE, J. e DAY, J. D. (1981). "Learning to Learn: On training students to Learn from Texas". *Educational Researcher*, 2, 14-21.

BRUNER, J. (1978). *El proceso del pensamiento en el aprendizaje*. Madri, Narcea.

CASSIDY, M. e BAUMAN, J. (1986). "Cómo incorporar las estrategias de control de la comprensión a la enseñanza con textos base de lectura". *Comunicación, Lenguaje y Educación*, 1, 1989, 45-50.

CASTILLO ARREDONDO, S. (1982). *Agenda escolar del alumno*. Madri, Promoción Educativa.

CASTILLO ARREDONDO, S. e CABRERIZO DIAGO, J. (2003). *Evaluación Educativa y Promoción Escolar*. Madri, Pearson Educación.

COLL-VINENT, R. (1984). *Introducción a la metodología del estudio*. Barcelona, Mitre.

COLOM, A.; SUREDA, J. e SALINAS, J. (1988). *Tecnología y mediíos educativos*. Madri, Cincel.

CORTE, E. de (1990). "Aprender en la escuela en con las nuevas tecnologías de la información: Perspectivas desde la psicología del aprendizaje y de la instrucción". *Comunicación, Lenguaje y Educación*, 6, 93-113.

DANSEREAU, D. F. (1985). "Learning Strategy Research", em en Segal, J., Chipman, S. e Glaser, R. (Ed.): *Thinking and Learning Skills*. Vol. 1: *Relating Instruction to Research*. Hillsdale, Erlbaum.

DELORS, J. e outros (1996). *La educación encierra un tesoro*. Madri, Santillana-Unesco.

GAGNÉ, R. M. e GLASER, R. (1987). "Foundations in learning research", em Gagné, R. (Ed.): *Instructional technology: foundations*. Hillsdale, Lawrence Erlbaum Associates Inc. Publishers.

GOVERNO GOBIERNO BASCO (2003). *Libro blanco del aprendizaje a lo largo de la vida*. Vitoria-Gasteiz, Servicio Central de Publicaciones del Gobierno Vasco.

GOLEMAN, D. (1995). *Inteligencia emocional*. Barcelona, Kairós.
GRAVES, D. (1977). *Writing: teachers and children at work*. Londres: Heinemann.
GROS, B. (Coord.) (1997). *Diseños y programas educativos*. Barcelona, Ariel.
HELMKE, A. e SCHRADER, F. W. (1988). "Successfull student practice during seatwork. Efficient management and active supervision not enough". *The Journal of Educational Research*, vol. 82, 2, 70-75.
HERNÁNDEZ, P. e GARCÍA, L. A. (1989). "Enfoques, métodos y procesos en la psicología del estudio". *Actas del I Congreso del Colegio Oficial de Psicólogos*. Vol. 23, 57-80.
_____. (1991). *Psicología y enseñanza del estudio*. Madri, Pirámide.
HERNÁNDEZ PINA, F. (1990). *Aprendiendo a aprender métodos y técnicas de estudio para alumnos de E.G.B. y enseñanzas medias*. Murcia, F. Hernández Pina.
ILLUECA, L. (1971). *Cómo enseñar a estudiar*. Madri, Magisterio Español.
MARTÍ, E. (1992). *Aprender con ordenadores en la escuela*. Barcelona, ICE-Horsori.
MAYOR, J.; SUENGAS, A. e GONZÁLEZ MARQUÉS, J. (1993). *Estrategias metacognitrivas. Aprender a aprender y aprender a pensar*. Madri, Síntesis.
MERCER, N. e FISHER, E. (1992). How do teachers help children to learn? An analysis of teacher's interventions in computer-based activities. *Learning and Instruction*. Vol. 2, 339-355.
MONEREO, C. (1990). "Las estrategias de aprendizaje: enseñar a pensar y sobre el pensar". *Infancia y Aprendizaje*, 50, 3-25.
_____. (1992). *Aprendo a pensar. Manual del profesor*. Madri, Pascal.
NICKERSON, R. S.; PERKINS, D. N. e SMITH, E. E. (1987). *Enseñar a pensar. Aspectos de la aptitud intelectual*. Barcelona, Paidós/MEC.
NISBET, J. e SCHUCKSMITH, J. (1987). *Estrategias de aprendizaje*. Madri, Santillana.
OLSON, D. R. (1980). "Sobre estrategias conceptuales", em Bruner, J. S.: *Investigaciones sobre el desarrollo cognitivo*. Madri, Pablo de Río.
ORTEGA Y GASSET, J. (1933). "Sobre el estudiar y el estudiante", em *Misión de la Universidad*. Madri, Alianza, 1968.
PAUK, W. (2002). *Estrategias de estudio*. Madri, Pearson-Prentice Hall.
PÉREZ AVELLANEDA, M. (1989). *Enseñar a estudiar*. Madri, Escuela Española.
_____. (1994). "El estudio y la asimilación personal: estrategias de aprendizaje. Análisis comparativo entre alumnos de diferentes niveles". Tesis doctoral. Uned.
PRESSLEY, M.; SCHUDER, T.; BERGMAN, J. L. e EL-DINARY, P. (1992). "A researcher-educator collaborative interview study of transactional comprehension strategies instruction". *Journal of Educational Psychology*, vol. 84, 2, 231-246.
REAL ACADEMIA ESPAÑOLA (2001). *Diccionario de la lengua española*. Madrid, Espasa Calpe.

ROBINSON, F. P. (1941). *Effective Study*. Nova York, Harper and Row.
SELMES, I. (1988). *La mejora de las habilidades para el estudio*. Barcelona, Paidós/MEC.
SKINNER, B. F. (1985). *Aprendizaje y comportamiento*. Barcelona, Martínez-Roca.
SOLOMON, C. (1987). *Entornos de aprendizaje con ordenadores*. Barcelona, Paidós/MEC.
THORNDIKE, R. M. (1970). *Tests y técnicas de medición en psicología y educación*. México, Trillas.
VIDAL-ABARCA, E. e GILABERT, R. (1990). "Comprender para aprender: Un programa para mejorar la comprensión y el aprendizaje de textos informativos". *Comunicación, Lenguaje y Educación*, 6, 113-124.
VYGOTSKI, L. S. (1979). *El desarrollo de los procesos psicológicos superiores*. Barcelona, Crítica.

unidade didática
dois

didática do estudo: garantia
da aprendizagem do aluno

1. Introdução

Como complemento à primeira **unidade didática**, nesta segunda fica evidente o papel do **estudo** como *instrumento básico da aprendizagem* escolar e acadêmica, e insistimos na responsabilidade dos professores quanto à prioridade de **ensinar a estudar** ao desenvolverem, nas salas de aula, o ensino habitual das matérias curriculares.

No primeiro tópico, analisamos a complexidade do estudo escolar e acadêmico, a necessidade de fazer com que os alunos cheguem a saber **estudar com método** pessoal e ativo, do qual também fazem parte as *práticas* e a experimentação.

No segundo tópico, fazemos uma extensa exposição sobre os **conteúdos procedimentais**. Partimos de uma abordagem do conceito e de seus componentes habituais. Insistimos em sua necessidade de *programação, ensino-aprendizagem* e *aplicação* no âmbito da atividade diária da sala de aula e em paralelo aos demais conteúdos curriculares.

No terceiro tópico, abordamos as **estratégias de estudo e aprendizagem** pela importância que sua aplicação na metodologia docente adquire, em benefício do avanço rumo ao estudo autônomo dos estudantes. Seu desenvolvimento contribui notavelmente para que o aluno aprenda a aprender.

No último tópico, damos sentido e justificação ao título desta unidade: *Didática do estudo: garantia da aprendizagem do aluno*. Tendo analisado, nos tópicos anteriores, os ingredientes e os fatores fundamentais que intervêm no complexo mundo do estudo, é imprescindível dar-lhe o tratamento didático que lhe cabe: ser um objeto prioritário do **ato didático** na relação dialógica, intercomunicativa e interativa no fazer curricular dos protagonistas da sala de aula, o professor e o aluno.

2. Objetivos

Com esta unidade didática, pretende-se atingir os seguintes **objetivos**:

a. Para o **professor**:
   1. Analisar e esclarecer a *complexidade* que encerra o estudo e a aprendizagem escolar ou acadêmica;
   2. Tomar consciência da necessidade que os alunos têm de *estudar com método*;
   3. Aprofundar o valor curricular dos *conteúdos procedimentais*;
   4. Assumir a *responsabilidade que lhe cabe no ensino* e na aplicação dos conteúdos procedimentais;
   5. Saber *elaborar, aplicar e avaliar os conteúdos procedimentais* com os demais conteúdos curriculares.

b. Para o **aluno**:
1. Conhecer a importância do estudo como instrumento básico para realizar a aprendizagem escolar ou acadêmica;
2. Compreender a importância do saber *estudar com método*;
3. Pôr em prática os conteúdos procedimentais que o professor lhe ensinar;
4. Adquirir *hábitos de estudo* que lhe permitam alcançar autonomia pessoal em seu trabalho intelectual;
5. Apreciar a importância das estratégias de estudo e aprendizagem escolar ou acadêmica que lhe permitam *aprender a aprender*.

3. Conteúdos

3.1 A aprendizagem escolar ou acadêmica

3.1.1 A complexidade do estudo e da aprendizagem

A aprendizagem escolar representa a apropriação de rotinas, hábitos, conteúdos das matérias, atividades extraescolares e objetivos formais de cada matéria de estudo. Isso significa, naturalmente, que na instituição de ensino não se desenvolvem apenas conteúdos formais e aprendizagem explícita; também existe a oportunidade de o aluno adquirir as habilidades particulares da atividade escolar e aprender o ofício de estudar. Com efeito, a atividade sistemática da sala de aula incita os alunos a adquirirem seus próprios processos intelectuais e as consequentes técnicas do trabalho intelectual.

Uma das modalidades centrais do funcionamento da aprendizagem escolar é exigir do estudante o domínio de sistemas de representação que permitam, por sua vez, a criação e a manipulação de contextos espaço-temporais remotos, isto é, que sejam promovidos o desenvolvimento e o domínio das **técnicas instrumentais básicas** (*leitura*, *escrita* e *cálculo numérico*) e daquelas outras formas específicas de conceitualização com que contribuem as diversas matérias de estudo.

Tradicionalmente, a aprendizagem escolar ou acadêmica é considerada dentro do quadro de ação do **ato didático**: *professor, aluno e conteúdo*, ao que se devem acrescentar outras variáveis que, de uma forma ou de outra, intervêm no clima da sala de aula e no contexto escolar. O sistema de ensino instala-se dentro de um sistema social (os pais, as correntes sociais, a política educacional etc.), no qual entram em jogo aspectos fundamentais do funcionamento didático, como as negociações, os conflitos, as decisões sobre os conteúdos que deverão ser ensinados, a organização escolar etc.

O ensino a cargo do professor é a atividade que impulsiona a aprendizagem do estudante. Para ensinar bem, os professores precisam ter, primeiro, uma noção clara e exata do que realmente é **aprender** e **ensinar**, pois existe uma relação direta e necessária, não só teórica, mas também prática, entre esses dois conceitos básicos da didática. Já não serve mais a noção simplista e errônea de que *aprender é memorizar*, na qual o aluno se limita a repetir as mesmas palavras dos textos de estudo ou as palavras da explicação do professor. Desde o século XVII é válida a fórmula de Comenius, *"intellectus, memoria et usus"*: primeiro, a *compreensão reflexiva;* depois, a *memorização* do compreendido e, por último, a *aplicação* do que já foi compreendido e memorizado. Atualmente, está comprovado que a mera explicação verbal do professor não é tão essencial e indispensável para que os alunos aprendam; serve só para iniciar a aprendizagem, cabendo ao estudante personalizá-la e levá-la a bom termo.

O processo de aprendizagem dos alunos, em cujos planos, direção e controle o professor ajuda decisivamente, é bem mais complexo. Podemos *apreender* subitamente um fato, uma consequência ou uma informação de forma isolada, mas a aprendizagem definitiva de um conjunto sistemático de conteúdos de uma matéria é um processo de assimilação lento, gradual e complexo. A essência de *aprender* não consiste em repetir mecanicamente textos de livros didáticos, nem em ouvir com atenção explicações verbais de um professor. Consiste, isto sim, em uma *atividade mental intensiva,* que os alunos têm de aplicar para chegar ao conhecimento direto dos dados de uma matéria e assimilar seu conteúdo. Essa atividade mental intensiva dos alunos pode assumir as mais variadas formas, dependendo da matéria estudada.

Os alunos realizam atividades de aprendizagem quando:

a. fazem observações diretas sobre fatos, acontecimentos ou situações;
b. fazem planos e realizam experimentos, comprovam hipóteses e anotam seus resultados;
c. consultam livros, revistas, dicionários, em busca de dados e esclarecimentos; anotam, organizam arquivos, elaboram sínteses etc.;
d. ouvem, leem, fazem anotações e as complementam com outros autores e fontes;
e. formulam dúvidas, pedem esclarecimentos, suscitam objeções, discutem entre si, comparam e verificam;
f. fazem exercícios de aplicação, redações e ensaios;
g. colaboram com o professor e interagem com os colegas na execução de trabalhos, no esclarecimento de dúvidas e na solução de problemas;
h. fazem cálculos e usam tabelas, desenham e ilustram, copiam mapas, reduzem-nos ou ampliam a escala, completam e ilustram mapas mudos etc.;
i. buscam e investigam, colecionam e classificam;
j. respondem a interrogatórios e questionários, procuram resolver problemas, identificam erros, corrigem os próprios ou os de seus colegas etc.

> *Todas essas atividades escolares, entre muitas outras, requerem a utilização dos respectivos procedimentos e técnicas que o professorado deve programar oportunamente no design didático das matérias, para ensinar seu uso aos alunos e aplicá-los na estratégia metodológica do ensino, em todas as matérias que são dadas no dia a dia do trabalho docente.*

3.1.2 Esclarecimento de conceitos em torno do estudo

O campo semântico e a inflação terminológica em torno do conceito e da atividade do **estudo** são amplos e, consequentemente, nem sempre se usam os termos afins com a devida precisão conceitual. A falta de precisão terminológica leva-nos a utilizar, habitualmente, termos ou vocábulos aparentemente intercambiáveis ou sinonímicos. Palavras como **aluno, estudante, estudar, ensinar, aprender, leitura, prova** etc. requerem uma breve análise que esclareça suas diferenças.

a. **Aluno/estudante** – Na literatura pedagógica não se encontram diferenças claras entre esses termos e habitualmente são utilizados como sinônimos. Assim os considera Ortega y Gasset (1933), em seu ensaio "Sobre el estudiar y el estudiante". Porém, cabe apreciar certa diferenciação. O conceito de aluno está também relacionado com a ideia de *discípulo*: aquela pessoa dependente do professor que o educa ou lhe ensina, seja por imaturidade, seja pela matéria ou disciplina que está estudando. O conceito de estudante é utilizado com mais propriedade quando o aluno já é uma pessoa madura e autônoma, capaz de estudar e aprender por si mesmo, sem dependências obrigatórias, embora possa continuar requerendo a ajuda do professor ou da instituição em que estuda.

b. **Estudar/estudo** – Estudar é empregar ou "exercitar o entendimento para chegar a conhecer algo" mediante o estudo, que é "o esforço do entendimento aplicando-se a conhecer alguma coisa; em especial, trabalho empregado em aprender e cultivar uma ciência ou arte", segundo o Dicionário da Real Academia Espanhola (2001). Já no âmbito pedagógico, **estudar** define-se como uma tarefa que consiste em dispor e organizar uma informação, normalmente escrita, para chegar a seu domínio por meio das atividades pertinentes. O **estudo** caracteriza-se por ser uma tarefa intencional, não necessariamente mecânica e automática, porque nele deve existir um rendimento observável. Mas o estudo não pode ser confundido com toda a série de tarefas e atividades que se realizam ao estudar, primeiro, porque essas tarefas não são exclusivas do estudo, embora sejam típicas dessa atividade, e, segundo, porque existem outras formas de estudar que não se restringem a elas (Pérez Avellaneda, 1994).

c. **Estudo/leitura** – Outras definições mais operacionais apontam que estudar é a *leitura de livros didáticos para adquirir informação*, o que significa que a tarefa básica do ato de estudar é a leitura. O processo mediante o qual os estudantes extraem a informação dos livros didáticos, segundo essas definições, seria todo o referente às destrezas de estudo. Porém, não se deve confundir **estudo** e **leitura**, embora esta constitua a atividade fundamental ou básica do estudo. O processo de estudo difere da simples leitura e está associado à necessidade de realizar, sobre o texto, alguma tarefa de tipo cognitivo. O objetivo da leitura é chegar à compreensão do texto, ao passo que a meta do estudo é trabalhar o texto em relação à finalidade à qual o estudante se propôs, isto é, o estudo vai além da compreensão do texto, que é o objetivo da leitura. De qualquer maneira, frequentemente se observa que ambos os termos tornam-se equivalentes ao se falar de *métodos de estudo*, quando, na realidade, são expostos *métodos de leitura* ou quando se fazem equivalentes as *estratégias de leitura* e as *estratégias de estudo*. Nesses casos, é evidente que se referem à **leitura de estudo**, deixando de fora outros tipos de leitura.

d. **Estudo/aprendizagem** – Embora estejam estreitamente unidos, também não se deve confundir **estudo** e **aprendizagem**, pois nem tudo que se estuda é aprendido e nem tudo que se aprende é fruto do estudo. Podemos distinguir três níveis de aprendizagem (Hernández e García, 1991):
   1. *Aprendizagem não deliberada* – É constituída por toda aquela aprendizagem incidental, constante e, com frequência, inconsciente.
   2. *Aprendizagem deliberada* – Caracteriza-se por ser uma aprendizagem intencional, que também pode se dar em outros contextos, não necessariamente no âmbito escolar ou acadêmico, mas, de qualquer maneira, é uma aprendizagem consciente.
   3. *Aprendizagem intensiva* – Trata-se de uma aprendizagem claramente intencional, com função de recordação ou aplicação. O estudo situa-se nos dois últimos níveis de aprendizagem e deles participa, contribuindo para a consecução de uma **aprendizagem intencional intensiva**.

Se relacionarmos os conceitos de leitura e estudo com o de **aprendizagem**, observaremos que esta pode se dar em ambos os casos ou em nenhum. A intencionalidade de aprender, que está implícita no estudo e não necessariamente na leitura, não é, na realidade, uma garantia fundamental para que o sujeito aprenda. De fato, os estudantes que não manifestam interesse por aprender recebem tanta informação quanto os que desejam isso, dando-se, em ambos os casos, os mesmos processos de tratamento da informação (Bower, 1972). O estudo, além de ser um método mediante o qual se introduz informação no cérebro, requer uma série de aptidões e habilidades que permitem que a informação seja retida pelo sujeito durante o maior tempo possível, relacionando-a com a que já possui, chegando, assim, a uma nova aprendizagem.

> *O fato de estudar engloba o objetivo de aprender; portanto, é preciso capacidade e esforço para compreender e para chegar à reelaboração pessoal do assimilado, ao passo que a leitura pode ter outros objetivos mais de entretenimento e prazer que não requerem especial esforço, salvo quando se trate especificamente de uma leitura de estudo.*

e. **Ensinar/estudar** – Há uma clara diferença entre essas atividades. Para **ensinar**, em alguns casos, o professor, como emissor, transmite informação ao estudante, que é o destinatário e o receptor, e, em outros, ajuda-o a captar a informação, ou seja, o professor é mediador ou facilitador da aprendizagem do aluno. Quando se trata de estudar, cabe ao estudante a iniciativa de utilizar os meios para chegar ao conhecimento e à aprendizagem, apoiado na palavra ou no texto do professor/autor, na própria descoberta ou na possibilidade oferecida por um facilitador ou mediador.

> *"O **estudo** é uma atividade pessoal, consciente e voluntária, na qual o estudante compromete suas aptidões psicofísicas e intelectuais e põe em funcionamento diversos procedimentos (habilidades, técnicas e estratégias), a fim de **analisar, conhecer, compreender** e **assimilar** os conteúdos (cognitivos, procedimentais e atitudinais) que contribuem para sua formação humana e intelectual." (Castillo Arredondo, 1982)*

Nesse sentido, considera-se o estudo em dupla vertente:

a. **Compreensão e assimilação**, por um lado, da realidade que nos cerca, resultante das contribuições de nossa civilização no decorrer da história e da evolução científica.
b. **Aperfeiçoamento**, por outro lado, da própria realidade do estudante como pessoa, quando chega à formação que lhe permite alcançar, na vida, as metas a que se propuser, conforme sua capacidade.

> *O estudo não deve limitar-se à assimilação dos livros e textos escritos ou das explicações dos professores nas salas de aula, mas sim abarcar também a observação, a investigação e a atuação sobre a realidade de vida do entorno do estudante. Também não se deve considerar o material impresso como o único meio didático para fornecer conteúdos, objetos de estudo. Há que se contar, também, com os novos suportes de informática e telemática.*

3.1.3 A necessidade de ensinar a estudar com método

É frequente que os pais e os professores se perguntem por que esse ou aquele estudante não estuda, por que o faz deficientemente ou não rende como os demais colegas. As respostas, quase sempre, são ambíguas, evasivas ou injustas: *é muito vagabundo, não tem interesse, está desorientado* etc. Mas essas não são razões que, em si mesmas, justifiquem o problema de fundo. A razão verdadeira, na maioria dos casos, é que o aluno carece de um método de estudo. **Ninguém lhe *ensinou a estudar!*** Mas é mais cômodo *culpar* o aluno por não saber estudar, em vez de reconhecer que nem pais nem professores se preocuparam (ou pararam para "perder tempo", como dizem alguns) em ensiná-los a estudar ou a saber como realizar as tarefas escolares.

Trabalhar ou estudar com método significa, inicialmente, não agir com improvisação, de forma casual ou desordenada. O método é *a forma, modo ou maneira* de fazer as coisas adequadamente e com ordem. Com o tempo e a repetição, adquire-se um modo de agir ou proceder estável, seguro e eficaz, que se transforma em hábito e habilidade para quem o pratica. **O método é o melhor caminho para se chegar à *obra benfeita*.** Na realização de qualquer atividade humana, intelectual ou manual de certo nível, necessita-se, normalmente, da aprendizagem prévia do método adequado para a correta execução. Os futuros profissionais de uma atividade específica são *adestrados, ensinados ou formados* nos métodos e procedimentos que depois vão utilizar, antes de iniciar o desempenho de suas funções. As empresas, principalmente as modernas, não hesitam em financiar essa preparação que dote seus funcionários de uma apropriada e atualizada formação, na certeza de que é um rentável investimento na melhoria do *capital humano* de seus trabalhadores e, enfim, na qualidade do trabalho e de seus resultados.

> *O aluno realiza, muitas vezes, um **trabalho pessoal, como é o estudo**, sem preparação prévia, circunstância que se acentua se levarmos em conta que os conteúdos de aprendizagem com que tem de trabalhar são muito diversificados e cada um pode ter uma metodologia diferente. A realidade é que uma grande porcentagem de nossos alunos estuda sem saber como fazê-lo, ou, pelo menos, sem saber qual é a melhor forma específica (**método, procedimento, técnica ou estratégia**), mais adequada e eficaz para realizá-lo.*

Também devemos ressaltar que o professorado, por desconhecimento ou por negligência, nem sempre emprega uma metodologia apropriada à sua matéria. Podemos observar que, de fato, nas aulas, predomina um método comum para todas as matérias: a **explicação verbal expositiva**. Esse comportamento docente, que não leva em conta as características específicas de cada matéria, cria indiferença e apatia nos alunos e, indefectivelmente, conduz os estudantes a perderem a atenção, a não acompanharem a explicação do professor e, consequentemente, produz um baixo rendimento ou, no pior dos casos, o fracasso escolar. O resultado dessa metodologia homogênea para todas as matérias pode fazer com que um estudante de Geografia não saiba consultar um atlas ou que um aluno de Química não aprenda a se mover em um laboratório. A diversificação da metodologia por parte de cada professor, em função da especificidade da matéria, proporciona ao aluno a necessária riqueza de recursos metodológicos que o conduzirão à maturidade e à autonomia pessoal no trabalho intelectual como estudante.

3.1.4 Personalização do método de estudo

A situação, porém, não se resolve reunindo informação acerca de uma série de métodos e aplicando-os indiscriminadamente aos estudantes, apenas pelo fato de já estarem supostamente experimentados e terem uma solvência comprovada. É justo dar a um determinado método de ensino ou de estudo o valor que tem por experiências prévias já avaliadas, mas não é suficiente. A personalidade do professor e sua própria experiência têm, nesse sentido, um papel muito importante, e ele também deve considerar as circunstâncias que cercam sua classe para adaptar o método às suas necessidades, caso isso seja necessário em função das características de seus alunos. Em síntese, pode-se afirmar que um professor utiliza um bom método quando o conhece e sabe ajustá-lo às características individuais de seus alunos.

Devemos ter em mente que, apesar de certa homogeneidade que se pode apreciar em uma classe, devido à idade e ao desenvolvimento acadêmico de seus integrantes, não existem dois alunos iguais. Quantas vezes um aluno trabalha com aproveitamento mediante certos procedimentos que para outros são inadequados! Portanto, uma das tarefas mais fundamentais do professor é contribuir para que cada aluno *personalize* sua forma peculiar de realizar o estudo conforme suas características e circunstâncias individuais. A conhecida classificação dos métodos em *indutivo* ou *dedutivo* e *analítico* ou *sintético* é uma constatação de que há diversas formas de proceder ou diversos caminhos para se chegar ao mesmo destino. É importante indicar o caminho aos alunos, o **método**, mas é ainda mais importante ensinar cada um a descobrir como percorrer o caminho, **como aplicar o método**, à sua maneira.

Entre as razões para personalizar o método de estudo, podemos apontar a importância de adequar o método à idade do estudante e, em consequência, utilizar aquele que combinar melhor com as características psicológicas de cada etapa da vida acadêmica. Assim, sabemos que na Educação Infantil ou inicial qualquer técnica de trabalho deve ser, acima de tudo, intuitiva e manipulativa, fato pelo qual será inútil, nesse nível, fazer propostas que exijam abstração, visto que a mente da criança não as compreenderá por não estar capacitada para isso.

3.1.5 Método ativo de estudo

O método de estudo que se deve incentivar precisa ser fundamentalmente ativo, isto é, deve requerer a participação operativa do estudante. O estudo é mais eficaz para o aluno chegar à aprendizagem daquilo que estuda, se este puder agir, intervir, manipular ou operar sobre o texto da lição ou tema que está estudando, com a elaboração, por exemplo, de esquemas etc., ou fazendo destaques e anotações enquanto acompanha atentamente a explicação que o professor dá sobre uma lição. O contrário costuma ser uma atitude passiva do estudante, que fica evidente na leitura superficial das páginas do livro didático ou na escuta, de braços cruzados, da explicação do professor.

> O que o aluno *faz*, *elabora*, *transforma*, *experimenta* etc. é, para ele, mais proveitoso que aquilo que ouve, que lhe dizem ou que simplesmente lê! Há que se levar em conta, também, a necessidade de partir de fatos concretos a abstratos, do conhecido ao desconhecido; utilizar pequenos passos que vão esmiuçando o conteúdo da matéria de estudo para que este seja mais assimilável.

A ajuda do professor para que o aluno desenvolva um método ativo começa com sua atuação docente, que vai do específico para o abstrato, do fenômeno para a lei, da análise para a síntese, do efeito para a causa, do exemplo para a regra. Em outras palavras, sempre que for possível, não deve exigir o conhecimento memorístico do enunciado de uma regra sem que preceda o exemplo que o demonstra, nem mencionar a lei sem ter mostrado o fenômeno, nem usar uma palavra abstrata sem ter apresentado o caso específico. Enfim, evitar o acúmulo de dificuldades de tipo conceitual deve ser uma preocupação primordial do professor. Seria ideal – e, portanto, para isso devem se voltar os esforços docentes – que o aluno não tivesse diante de si uma dificuldade sem ter resolvido previamente as anteriores. O encadeamento de confusões e situações ininteligíveis cria no aluno uma ansiedade que aumenta passo a passo e que o levará à aversão pelo estudo, ao abandono ou ao *fracasso escolar e pessoal*.

3.1.6 A prática e a experimentação para aprender

Um método ativo traz em si, necessariamente, a **prática** ou o **exercício** e o **experimento** como procedimentos determinantes no caminho da aprendizagem escolar ou acadêmica que se quer alcançar. Quando se trata de aprender um idioma, é preciso treinar falando tal língua; quando se trata de Matemática, é preciso praticar para adquirir automatismos de cálculo ou exercitar-se na resolução de problemas; se for Filosofia, realizar debates, discutir proposições ou comparar teorias; e, quando se tratar de Química, Física ou Biologia, por exemplo, podem-se fazer experimentos no laboratório ou práticas de campo. Enfim, deve-se buscar sempre o procedimento mais inteligível, o mais factível, o mais breve, o mais útil e o mais significativo para os alunos.

Praticar, exemplificar, experimentar ou exercitar o que o estudante está aprendendo facilita sua compreensão. Com o estudo teórico, toda a tarefa recai sobre a memória, a inteligência e a imaginação e representa um esforço mais árduo e desmotivado, ao passo que, se o trabalho for realizado de forma ativa ou operativa, no esforço estarão presentes todas as faculdades e os sentidos, o que, para o estudante, é muito mais cômodo, divertido e significativo, ao comprovar que fisicamente contribui com algo de si.

> *O método de estudo, sob essa perspectiva, deve fazer com que as salas de aula, e os espaços de estudo pessoal, em* **oficinas** *ou* **laboratórios de trabalho intelectual***, onde, partindo-se do exemplo concreto, da manipulação de uma prática, da exemplificação de um experimento ou do contraste entre ideias, se chegue à aprendizagem teórico-prática dos conteúdos de uma matéria.*

Em sala de aula ou no espaço pessoal, o uso e a incorporação das novas tecnologias ao desenvolvimento de um método operativo de estudo facilitam notavelmente a aprendizagem prática e contribuem para complementar os procedimentos e recursos tradicionais.

3.2 Os conteúdos procedimentais

3.2.1 Definição dos procedimentos

Os procedimentos são definidos como um **conjunto de ações ordenadas e orientadas à consecução de um objetivo no âmbito curricular**. Requerem reiteração de ações que levem os alunos a dominar a técnica, a habilidade ou a estratégia para que, com um método pessoal de estudo, atinjam os objetivos de sua aprendizagem escolar ou acadêmica. Nem todos os procedimentos apresentam a mesma dificuldade de aquisição e domínio. Nessa definição, podemos contemplar um amplo e diversificado leque de aprendizagens mecânicas, intelectuais, estratégicas e até mesmo afetivas, que responderiam à categoria de procedimentos, os quais, uma vez adquiridos, orientam e aumentam a capacidade de atuação no desenvolvimento das atividades acadêmicas do aluno.

| Ensine a estudar... aprenda a aprender

> *As publicações acerca da Reforma Educacional (1990) definem os procedimentos como "conjunto de ações ordenadas, voltadas à consecução de uma meta" (MEC, 1989; Coll, 1992; Valls, 1993); ou "um modo de atuação com atividades sequenciais que têm como objetivo final a aprendizagem de uma destreza manual, mecânica ou intelectual" (Blanco Prieto, 1994); ou também como o "conjunto de ações ordenadas e finalizadas, voltadas à consecução de um objetivo" (Amorós e Llorens, 1986). Tais definições apontam os traços característicos de todo procedimento: é uma atuação **ordenada** aquela que **visa atingir uma meta**. Trabalhar os procedimentos significa, portanto, desenvolver a capacidade de **saber fazer**, de **saber atuar** de maneira eficaz.*

Os procedimentos são objetos de aprendizagem que, pelo fato de serem significativos, precisam, especialmente, ser elaborados e aplicados em sala de aula. São aprendizagens funcionais por excelência. Assim, por exemplo, o fato de saber conceituar e verbalizar, correta e ordenadamente, os passos do processo de fazer laços não significa que o aluno domine a técnica nem que tenha a capacidade de fazer laços em situações diversas, como amarrar os sapatos, fazer pacotes ou motivos decorativos. Por outro lado, quem repetiu mais vezes e aprendeu bem o processo, adquiriu a habilidade, tem o hábito e é capaz de aplicá-la em qualquer situação. Mas um procedimento não pode ser reduzido à simples capacidade de execução manipulativa ou rotineira, posto que a aplicação generalizada e a variabilidade possível situam os procedimentos em um nível intelectual que demanda, em muitos casos, um alto grau de abstração e de posicionamento estratégico. Por exemplo, no caso do jogo de xadrez, o domínio e até mesmo a verbalização do algoritmo que organiza os movimentos das peças não implicam a capacidade de elaborar estratégias que reúnam o procedimento completo e complexo do jogo, mas é imprescindível conhecê-lo para alcançar essas estratégias.

> *Os procedimentos são as técnicas e os instrumentos empregados pela mente do aluno, em um dado momento, para estudar e aprender conforme a capacidade de sua inteligência estratégica. Isso significa:*
> - *que o professor deve considerar os procedimentos como **conteúdos de seu ensino**, assim como, ou até mesmo antes deles, os conteúdos conceituais;*
> - *que o aluno deve considerar os procedimentos como **conteúdos de sua aprendizagem**, como conteúdos primordiais e anteriores aos demais conteúdos curriculares.*

Ser estudante é um ofício que deve ser exercido por toda a vida, começando pela etapa escolar ou acadêmica. Parece óbvio que a escola dedique tempo e esforço para ensinar o uso dos instrumentos próprios de seu ofício aos estudantes, visto que *os procedimentos são os instrumentos imprescindíveis para estudar e aprender*. O estudante precisa **saber estudar** para poder exercer sua profissão e conquistar a autonomia no trabalho intelectual que isso implica.

> *"Os procedimentos abarcam com amplitude os 'hábitos', as 'técnicas', as 'estratégias' etc. que podemos utilizar no estudo. A intencionalidade didático-educacional dos procedimentos como conjunto de ações ordenadas para a consecução de uma meta dá* **pleno sentido pedagógico** *às técnicas, que, embora necessárias, poderiam ser reduzidas a seu caráter instrumental, mecânico e rotineiro. Muito pelo contrário, as referidas técnicas, estratégias etc. configuram uma escalonada engrenagem sistemática e intencional a serviço do processo procedimental da aprendizagem." (Castillo Arredondo, 1996).*

3.2.2 Componentes dos conteúdos procedimentais

A expressão **conteúdos procedimentais**, ou simplesmente **procedimentos**, encerra componentes terminológicos que, com sua especificidade conceitual, enriquecem e ampliam seu contexto semântico, mas com frequência são utilizados indistintamente, sem a devida precisão, como se fossem conceitos sinônimos. Por exemplo, o termo **estratégia** relaciona-se com outros, tais como *tática, destreza, estilo, orientação, processo* etc. A distinção entre eles, suas mútuas relações e parciais imbricações dependem, em grande medida, das definições convencionais estabelecidas pelos diversos autores. A administração e o sistema educacional englobam todos eles, sob o termo **procedimentos** ou **conteúdos procedimentais**.

> *Blanco Prieto (1994) afirma que "Configuram os procedimentos: as habilidades, as técnicas e as estratégias". As* **habilidades** *seriam as capacidades manuais ou intelectuais que um sujeito tem para realizar algo. As* **técnicas** *seriam o conjunto de ações ordenadas voltadas para a consecução de objetivos concretos. As estratégias, por último, seriam as capacidades intelectuais do aluno para dirigir e ordenar seus conhecimentos, a fim de chegar a determinadas metas. As* **estratégias** *seriam os procedimentos mais complexos e de maior dificuldade para serem ensinados, porque fazem referência a processos mentais.*

Antes de prosseguirmos, vamos nos aprofundar nesses conceitos, em uma tentativa de esclarecimento:

1. **Habilidades** – São entendidas como potencialidades, inatas ou adquiridas, mais ou menos permanentes. São a disposição e a capacidade que o estudante tem para realizar as tarefas e resolver problemas em sua atividade acadêmica. Segundo o grau de estimulação e desenvolvimento efetivo, tornam-se o suporte básico dos procedimentos. As habilidades são conhecimentos ou destrezas cujo domínio é imprescindível para chegar a outros conhecimentos a partir delas.
2. **Hábitos** – São a facilidade que o estudante tem no modo de proceder em suas atividades de estudo, como consequência de uma aprendizagem normalmente adquirida pela repetição constante e intencional de determinadas práticas. Os **hábitos de estudo**, ou os **hábitos no estudo**, embora tenham seu arranque nas *habilidades* do aluno, posteriormente são de grande utilidade para o desenvolvimento e à afirmação delas.
3. **Técnicas** – Constituem um conjunto de recursos mentais e atuações preestabelecidas de que o estudante se utiliza intencionalmente, com perícia e habilidade, para tirar melhor rendimento do esforço exigido pela atividade escolar ou acadêmica. As **técnicas de estudo**, como os *hábitos*, fundamentam-se em *habilidades* e, por sua vez, potencializam o desenvolvimento delas. O domínio das técnicas de estudo é adquirido com a prática e a repetição organizada das atuações que são propostas ao aluno, mas não pode ficar reduzido a uma simples mecanização de exercícios. As técnicas representam uma aquisição pessoal e significativa por parte do aluno, com a possibilidade de que saiba modificá-las, adaptá-las e aplicá-las em situações diferentes.
4. **Instrumentos** – São os meios operativos ou ferramentas específicas que o estudante utiliza para realizar suas atividades de estudo e aprendizagem. São recursos materiais com os quais o estudante realiza as práticas, os exercícios e as tarefas de estudo. Os instrumentos, como *ferramentas pedagógicas,* apesar de terem um caráter operativo e assistencial, são imprescindíveis para o desenvolvimento dos *hábitos*, das *técnicas de estudo* e de todos os conteúdos procedimentais em geral.
5. **Estratégias** – Podemos considerar as **estratégias de estudo** como as decisões pessoais e intencionais do estudante, fruto de sua inteligência e vontade. O aluno mostra, na realização coordenada de atuações de seu estudo, nas quais integra o *método* de estudo a seguir, as *habilidades* de que dispõe, as *técnicas* que emprega, os *instrumentos* que utiliza etc. para atingir os objetivos que persegue. As **estratégias de estudo** são os componentes procedimentais mais complexos e sujeitos a variações para facilitar a resolução de problemas ou proposições de estudo mais diversas. Em outras palavras, as **estratégias de estudo**, ou **estratégias de aprendizagem**, podem ser consideradas um processo de tomada de decisões, conscientes e intencionais, no qual o aluno escolhe e autorregula, de maneira coordenada, os conhecimentos

de que necessita para cumprir uma determinada exigência ou objetivo de estudo, dependendo das características da situação educacional em que ocorre a ação. As estratégias implicam colocar em prática diversos tipos de conhecimentos, tanto conceituais quanto procedimentais ou atitudinais, e têm um forte componente procedimental, por perfilar um plano de ação para atingir as metas estabelecidas. São a expressão operativa do que chamamos de **inteligência estratégica**.

O domínio de **estratégias de estudo** permite ao estudante planejar, tomar decisões e controlar a aplicação das técnicas e dos instrumentos para adaptá-los às necessidades específicas de cada tarefa. As estratégias não são adquiridas por processos associativos, nos quais há repetição, mas sim por processos de reestruturação da própria prática, fruto de reflexão e tomada de consciência pessoal do estudante sobre o que faz e como faz.

> *O estudante, adequadamente orientado pelo professor, pode aprender as **estratégias de estudo** quando tenta compreender os conteúdos curriculares e desenvolver as técnicas correspondentes para sua aprendizagem, enquanto vai analisando seus avanços e conhecendo suas limitações. Para isso, é necessário que antes o estudante tenha aprendido a tomar consciência de sua responsabilidade acadêmica e que esteja habituado a avaliar-se, refletindo sobre sua própria atividade para ver como melhorá-la e como torná-la mais efetiva.*

O uso das estratégias implica um grau significativo de maturidade no estudo e, em geral, não é possível atingi-lo até uma determinada idade. Essa é a razão das dificuldades que alunos de cursos inferiores encontram no uso das estratégias, se comparados aos maiores, seja porque não fazem uso das estratégias ótimas em cada caso, seja porque estas são utilizadas de forma deficiente. Por isso, quando falamos de *estratégias de estudo* ou de *aprendizagem*, estamos nos referindo a níveis de Educação Secundária, quando o estudante já pode pôr em prática sua capacidade metacognitiva para saber o que é importante em seu estudo e o que tem de fazer para desenvolvê-lo. Isso não significa que não é preciso trabalhar no fomento de sua aquisição em etapas anteriores.

> *Esses termos que analisamos, **habilidades básicas**, **hábitos**, **técnicas**, **instrumentos**, **estratégias**, configuram um* continuum *no decorrer da vida acadêmica do estudante, no caminho que leva do **estudo dependente** como aluno, com predomínio da ajuda e do **controle externo** do professor, até um **estudo autônomo** do estudante, caracterizado pelo predomínio do **controle interno** das atuações que implica o uso de seus próprios procedimentos de aprendizagem e de trabalho intelectual.*

3.2.3 Tipos de procedimentos

Os conteúdos procedimentais costumam ser classificados da seguinte maneira:

a. **Gerais** – São os procedimentos que podem ser aplicados a todas as áreas de estudo e que podem ser agrupados em:
   › procedimentos para a busca de informação;
   › procedimentos para processar a informação obtida (análise e síntese, realização de tabelas, gráficos, classificações etc.);
   › procedimentos para a comunicação de informação (elaboração de relatórios, exposições, apresentações, debates etc.).

b. **Algorítmicos** – Indicam a ordem e o número de passos que devem ser realizados para resolver um problema. Sempre que forem seguidos os passos previstos e na ordem adequada, os resultados serão idênticos (por exemplo, copiar ou medir a área de uma figura).

c. **Heurísticos** – Não são aplicáveis de maneira automática e sempre da mesma forma (diferente dos algorítmicos) à solução de um problema, visto que dependem do contexto e das circunstâncias (por exemplo, interpretação de textos, redação etc.).

Zabala (1995) indica que qualquer procedimento pode se situar em algum ponto em relação aos eixos seguintes:

a. **Eixo motor-cognitivo**
   › *Procedimentos exclusivamente* **motores** *são* **recortar, pular, subir pela corda, dar cambalhota** *etc.*
   › *Procedimentos exclusivamente* **cognitivos** *são* **sintetizar, comentar um texto, traduzir** *etc.*

Entre os dois extremos, situam-se, por exemplo, **desenhar, seguir uma rota pelo mapa** *etc.*

b. **Eixo simples-complexo**
   › *Procedimentos relativamente simples são* **identificar, somar, copiar um texto, organizar três** *ou* **quatro dados** *etc.*
   › *Procedimentos* **muito complexos** *são* **estudar** *(não memorizar mecanicamente),* **definir, jogar futebol** *(não correr pelo campo) etc.*

> *Entre os dois extremos, podem se situar:* **multiplicar, ler compreensivamente, comparar com certo número de critérios** *etc.*
>
> c. **Eixo algorítmico-heurístico**
>   › Os **algorítmicos** são procedimentos nos quais a sequência de ações está tão determinada que, se seguida sem erros, chega-se ao resultado: **as operações matemáticas de multiplicação, divisão, os automatismos de cálculo, execuções automáticas** etc. Nesses procedimentos não é necessário entender o que se está fazendo.
>   › Os **heurísticos** são procedimentos cujas regras precisam de certa interpretação. Portanto, dois alunos podem obter resultados diferentes na mesma tarefa. Mesmo que recebam orientações muito precisas para fazer comentários de texto, não haverá dois comentários idênticos.
>
> A posição dos procedimentos em relação aos três eixos proporciona critérios de sequenciação para seu ensino. Por exemplo, **identificar, observar, classificar** com dois ou três critérios são procedimentos de conteúdos cognitivos que devem ser ensinados muito antes que **deduzir**, deduzir antes que **induzir** (o raciocínio dedutivo antes que o inferencial) etc.

Para selecionar conteúdos procedimentais que devem ser incluídos em uma programação curricular, devemos perguntar:

› Que objetivos procedimentais queremos incluir para desenvolver os conteúdos conceituais?
› Que tipo de ensino ou exemplificação para a aprendizagem por parte dos alunos requer os procedimentos selecionados?
› Em que ponto de domínio dos procedimentos selecionados se encontram os alunos?
› Que tipo de adequações, exercícios ou exemplos o professor tem de fazer a partir de aplicações anteriores?

> O ideal é que os alunos possam fazer um uso mais ou menos rotineiro ou estratégico de cada procedimento, segundo cada contexto ou situação específica de estudo. Para isso, é imprescindível que os professores tomem consciência de que os procedimentos também são objeto de ensino e, consequentemente, devem incluir os **conteúdos procedimentais** junto com os **conceituais** quando fazem a programação curricular, mas, principalmente, quando desenvolvem o ensino em sala de aula.

A seguir, no Quadro 2.1, propomos, como exemplo, uma relação de procedimentos que podem ser utilizados para desenvolver um conteúdo sobre **tratamento da informação**.

Quadro 2.1 – Relação de procedimentos para desenvolver um conteúdo sobre tratamento da informação

Conteúdos	Tipos de procedimento
Aquisição	Observação Busca da informação Seleção da informação Revisão e retenção
Interpretação	Decodificação ou tradução da informação Aplicação de modelos para interpretar situações Uso de analogias e metáforas
Análise e raciocínio	Análise e comparação de modelos Raciocínio e realização de inferências Pesquisa e solução de problemas
Compreensão e organização	Compreensão do discurso oral e escrito Estabelecimento de relações conceituais Organização conceitual
Comunicação	Expressão oral Expressão escrita Outros recursos expressivos (gráficos, numéricos, imagens etc.)

Uma classificação e uma relação desse tipo permitem uma análise minuciosa dos procedimentos utilizados no ensino e na aprendizagem, e, com isso, facilita-se o desenvolvimento diferencial e específico, segundo as diversas matérias.

A classificação e a relação de procedimentos propostas como exemplo não respondem a uma sequência didática inalterável (não é que cada atividade de ensino requeira usar todos esses procedimentos e nessa ordem), mas sim a uma forma de organizar os tipos de ações que os alunos devem realizar para atingir de forma mais eficaz os objetivos de seu estudo. A estruturação dos procedimentos também deverá estabelecer-se com base nas relações entre as diversas áreas ou matérias, de forma que os procedimentos, e seu ensino estratégico, possam receber um tratamento integrador e transdisciplinar, que facilite ao estudante a aprendizagem e a consolidação dos procedimentos como consequência do uso repetido e transferível entre as diversas matérias.

> **Possíveis procedimentos, com suas correspondentes técnicas e instrumentos que podem ser utilizados no estudo de temas de Geografia:**
>
> › **Localização** em **mapas mudos**, das unidades morfoestruturais do relevo: sopés, maciços antigos, bacias sedimentares e principais rios.
> › **Obtenção de informação** a partir de **imagens** e **fontes escritas** sobre unidades temáticas: mesetas, sistemas montanhosos, bacias hidrográficas etc.
> › **Elaboração de mapas conceituais, quadros sinópticos, croquis, esquemas** etc.
> › **Elaboração e interpretação** de diferentes **mapas** e **gráficos**, por exemplo, perfil topográfico, mapa do tempo, climograma, regime de um rio etc.
> › **Observação** do entorno, mediante **trabalho de campo**: relevo, tipo de rochas, vegetação.
> › **Explicação multicausal** que estabeleça algumas **relações** entre determinados fatores físicos e entre estes e os provocados pela ação humana, análise do meio ambiente.
> › **Vocabulário específico**, elaborado pelo estudante, no qual se reúnam, como fruto de seu estudo, os **conceitos**, **termos** ou **expressões** próprias e específicas da área de Geografia.

Além dessa organização dos procedimentos *entre matérias*, é importante também levar em conta sua *organização temporal*, tanto dentro de um mesmo curso como entre cursos e etapas, e o *grau de dificuldade* de cada procedimento, em função do tema de estudo e das características pessoais do estudante.

3.2.4 Ensino dos procedimentos

Para fazer com que os alunos utilizem de forma eficaz suas capacidades e habilidades, é necessário elaborar atividades de ensino dirigidas especificamente a ensinar aos alunos o uso de cada um dos procedimentos necessários para o melhor desenvolvimento do estudo e, consequentemente, de sua aprendizagem. Existem algumas dimensões inter-relacionadas que identificam e favorecem a necessidade de ensinar aos alunos o uso estratégico dos procedimentos:

1. O *objetivo* dessa aprendizagem – Não se trata apenas de assumir uma orientação cada vez mais personalizada (que seja o aluno quem a fixe, e não só o professor), mas sim da *importância* e do *alcance* desse objetivo, ou seja, que o aluno compreenda a *finalidade* e o *uso* dos procedimentos.
2. O grau de *domínio e regulação* necessário à aprendizagem dos conteúdos procedimentais – O uso estratégico requer que o estudante aprendiz chegue a um controle explícito.

3. O nível de *incerteza* da tarefa de aprendizagem, que está relacionado a seu grau de novidade e caráter mais ou menos aberto – Em geral, quanto mais inovadoras ou menos rotineiras forem as *condições* da aprendizagem de um procedimento novo, maior serão seu reforço e sua prática.
4. A *complexidade* da sequência de ações – Quanto mais complexo for um procedimento, mais necessários serão o seguimento e o controle de sua aplicação.

> Os docentes, quando utilizam reiteradamente a expressão "processo de ensino-aprendizagem", nem sempre têm ciência de que dele participa um **aluno** que aprende e um **professor** que tem a importante missão de instruir, de guiar e de facilitar essa aprendizagem, enfim, de criar as melhores condições para que a aprendizagem que o aluno persegue seja possível. Se questionam **como ensinar os conteúdos procedimentais**, devem considerar, em seu trabalho docente, as mesmas fases de todo ensino: **programação, aplicação** e **avaliação**.

Ao planejarmos a melhor condição, selecionando e organizando os elementos da situação de ensino-aprendizagem, devemos recordar que, para aprender um conteúdo procedimental, são necessárias:

› apresentação e exemplificação do procedimento;
› execução de um conjunto de ações ordenadas sequencialmente;
› exercitação abundante, variada e gradual, com ajuda do professor em cada passo;
› aplicação em matérias e contextos diferenciados;
› retirada progressiva da ajuda e crescimento simultâneo da dificuldade;
› reflexão do estudante sobre sua própria execução;
› avaliação dos passos seguidos e dos resultados obtidos;
› sequência e regulação da ajuda até a autonomia plena do aluno.

Os procedimentos foram recentemente incorporados, de maneira explícita, aos currículos escolares, mas é verdade que sempre foram ensinados e aprendidos, pois faziam parte de um currículo não explícito, e eram aprendidos, como tantas outras coisas, sem que isso estivesse previsto.

Essa explicitação e consideração dos procedimentos como conteúdos próprios de ensino e aprendizagem apresenta várias vantagens:

› Reconhece-se que **o saber é complexo**, que se aprende em muitas dimensões ou perspectivas, que um conhecimento não pode se consolidar sob a perspectiva única dos conceitos.

> Concede-se **intencionalidade educacional ao fato de aprender a saber fazer**, e a relação entre teoria e prática, conhecimento e aplicação não é uma relação de oposição, mas sim de implicação para que a aprendizagem seja significativa e completa.
> Entende-se que a aprendizagem dos procedimentos implica conhecer as **formas de agir e de usar** esse conhecimento para poder conhecer mais coisas (Pérez Avellaneda, 1996, p. 20).

Embora todo procedimento faça referência a seu caráter de "saber fazer", nos conteúdos procedimentais estão envolvidos também os conteúdos teóricos que devem ser aprendidos. Dessa forma, o aluno adquire um conhecimento significativo dos conteúdos conceituais associados ao conteúdo procedimental que põe em prática para sua aprendizagem. Contudo, não se pode confundir o significado dos conteúdos conceituais com os conteúdos procedimentais, embora, para aprender um conceito, seja necessário conhecer uma série de procedimentos.

É necessário insistir que, no desenvolvimento do ensino, e ainda mais quando se trata do ensino de conteúdos procedimentais, deve-se partir de situações significativas e funcionais. Por meio da apresentação de modelos e de práticas guiadas, facilitam-se a compreensão e o domínio que o aluno deve adquirir até chegar ao trabalho independente. É também função do professor, no momento da aplicação e do trabalho em sala de aula, observar, corrigir e ajudar na realização das práticas ou dos exercícios, analisando o nível de qualidade da execução do aluno, que lhe permita reforçar os domínios alcançados ou, ao contrário, revisar e reorientar a atividade em função das falhas detectadas.

*Um **conteúdo procedimental** – que inclui, entre outras coisas, as regras, as técnicas, os métodos, as destrezas ou habilidades, as estratégias, os procedimentos – é um conjunto de ações ordenadas e finalizadas, isto é, dirigidas à consecução de um objetivo.*

A aprendizagem procedimental refere-se à aquisição e/ou melhora de nossas habilidades, por meio da exercitação reflexiva em diversas técnicas, destrezas e/ou estratégias para fazer coisas específicas. Trata-se de determinadas formas de agir, cuja principal característica é que se realizam de forma ordenada e implicam sequências de habilidades ou destrezas mais complexas e encadeadas que um simples hábito de conduta (Zabala, 1995).

O ensino dos conteúdos procedimentais na programação curricular

O ensino e a aprendizagem dos procedimentos são como duas faces de uma mesma moeda. A aprendizagem de procedimentos deve ser significativa e funcional e seu ensino precisa visar a esse objetivo. Dizer isso pode parecer óbvio, porém a prática diária do ensino nas salas de aula não permite constatá-lo como algo tão evidente. Os procedimentos não estão plenamente integrados ao desenvolvimento curricular como um conteúdo fundamental. Formalmente, ficam refletidos na formulação prescritiva dos projetos curriculares.

A programação do ensino dos conteúdos procedimentais não deve ficar à livre iniciativa de cada professor, mas fundamentar-se em *acordos das equipes docentes* de etapa ou de área. Devem constar da programação geral anual e nos projetos curriculares acordos e linhas de ação coordenadas sobre os tipos de procedimento, os momentos de aplicação, o grau de dificuldade, o nível de exigência etc. para ensinar os conteúdos procedimentais. É importante que os alunos comecem a treinar desde os primeiros anos de escolaridade, pois não há justificativa alguma para adiar essa aprendizagem para etapas posteriores, visto que deveria ter sido adquirida nas anteriores. Só assim se pode fazer com que os alunos não cheguem à universidade sem o domínio de algo tão fundamental para o sucesso em uma carreira como os procedimentos de estudo e de trabalho intelectual.

Zabala (1995) explica a pouca atenção, a desordem, a má sequenciação e a falta de programação no ensino dos conteúdos procedimentais com a seguinte reflexão, como possível causa do que costuma ocorrer em uma instituição de ensino: cada professor insiste em sua maneira de organizar os dados – o de Matemática, em função da resolução de problemas; o de História, em função de recordar e relacionar dados; o de Geografia, em função de localizar os dados na memória. Dizem eles que não sabem de nenhuma equipe de professores que tenha dedicado um só minuto a selar acordos nesse tema sobre os procedimentos a ensinar:

> como fazer tabelas de dupla ou tripla entrada;
> como fazer quadros sinópticos;
> que "vantagem" se pode tirar dos anteriores em diversos contextos;
> quando começar a ensiná-los;
> que critério de graduação de dificuldade será empregado;
> que disposição gráfica específica vai se propor aos alunos e de acordo com quais normas de execução;
> que nível de exigência se estabelece e com que critérios se avalia.

O ensino dos conteúdos procedimentais não exige uma mudança substancial na função docente. Mas é necessária, sim, uma mudança de atitude e decidir dedicar tempo para programar quais instrumentos selecionar, que exercícios realizar e em que momento serão aplicados etc. As atividades normais para o desenvolvimento dos temas em classe, trabalhados com essa intenção, são suficientes e essa é a oportunidade adequada para ensinar aos alunos a aquisição e o domínio dos diversos conteúdos procedimentais.

> São muitos os alunos que escolhem os cursos superiores pelo prazer transmitido por um professor no trabalho da matéria durante a etapa anterior. Nesses casos, os procedimentos empregados deixam mais marcas e se transmitem muito mais que os conhecimentos. No gosto por uma matéria sempre está incluído o procedimento, a técnica ou o instrumento com que se aborda o trabalho dessa matéria. **O sucesso do trabalho escolar ou acadêmico na aprendizagem dos conteúdos conceituais depende da correta combinação dos conteúdos procedimentais e atitudinais.** O papel que cabe ao professor nessa tarefa é prestar a ajuda adequada, que guie a prática dos procedimentos, até que os alunos realizem seu método pessoal de estudo e alcancem a plena autonomia que dá o domínio das habilidades adquiridas.

Por último, no ensino da aprendizagem há de se levar em conta tanto a combinação dos três tipos de procedimentos (*habilidades, técnicas* e *estratégias*) como a inclusão de técnicas e estratégias que desenvolvam habilidades de tipo motor-cognitivo e afetivo-emocional. Por outro lado, o critério que deve presidir a escolha dos procedimentos a desenvolver em um ciclo, assim como sua graduação, é o equilíbrio entre *aplicabilidade, complexidade, diversidade, quantidade* e *flexibilidade*.

> "*Ensinar conteúdos procedimentais é, neste momento, uma responsabilidade prioritária do professor, de crucial importância no ensino das matérias curriculares*. Os conceitos devem ser ensinados junto com os procedimentos para se chegar à aprendizagem plena e eficaz. Consequentemente, o professor também tem de diagnosticar previamente a execução da ação docente, o domínio técnico e estratégico do aluno diante das tarefas de aprendizagem que tem de aprender. **Não se deve dar por certo que os alunos já sabem como estudar enquanto isso não estiver devidamente comprovado**. Não tem justificativa didática a postura daqueles professores que focam sua responsabilidade apenas no desenvolvimento dos conteúdos explicitados nos programas das matérias. Também não é acertado o parecer de outros, que relegam a aprendizagem de técnicas e estratégias procedimentais a atuações isoladas de diversa índole: cursos, palestras, sessões de monitoria etc., fora da dinâmica da sala de aula e do contexto escolar. Pensam, erroneamente, que o aluno ganhará por sua conta as habilidades de trabalho intelectual à margem das ações conjuntas do processo de

> *ensino-aprendizagem.* **Devemos insistir na necessidade de incluir o ensino dos conteúdos procedimentais no desenvolvimento dos conteúdos curriculares de cada matéria.** *A incorporação das técnicas e estratégias de estudo no currículo escolar permite ao professor aproveitar a situação vantajosa da sala de aula para facilitar ao aluno a aprendizagem e o processamento dos conteúdos conceituais, ao mesmo tempo que potencializa suas possibilidades, tanto intelectuais quanto procedimentais."* (Castillo Arredondo, 1996, p. 12)

3.2.5 Aprendizagem dos procedimentos

Devemos supor que já está superada a mentalidade e a atitude dos professores de outros tempos pedagógicos, cuja forma peculiar de entender a função docente nos é recordada em frases como as seguintes: "estudar se aprende estudando", "ninguém me ensinou", "essas coisas se aprendem sem que ninguém as ensine", "já vai aprendê-las quando sentir necessidade" etc.

A aprendizagem de um procedimento permite ao aluno o domínio operativo e o conhecimento mental do que faz. Essa representação mental significativa dos passos que dá em seu trabalho acadêmico permitirá ao aluno chegar à habilidade e a autonomia pessoal com a possibilidade de estudar com menor esforço. Vejamos alguns critérios a serem levados em conta para facilitar a aprendizagem dos procedimentos:

a. A **realização reiterada** das ações que configuram os procedimentos: aprende-se a falar falando; a desenhar desenhando; a observar observando etc. (A sabedoria popular diz que "É errando que se aprende". Mas o professor deve se antecipar, ensinar e orientar o aluno para que aprenda sem erros iniciais evitáveis, a menos que defenda que seus alunos devem continuar aprendendo mediante "ensaio e erro", como único caminho para aprender a estudar).

b. A **repetição** ou **exercitação múltipla** é necessária para que se consolide a aprendizagem de procedimentos e de suas técnicas correspondentes. Não basta realizar esporadicamente as ações de um conteúdo procedimental determinado; é preciso repetir, tantas vezes quantas forem necessárias, a execução das diversas ações ou passos realizados até se chegar à aprendizagem dos conteúdos procedimentais desejados.

c. A **revisão/reflexão sobre a atividade** é um elemento imprescindível que permite ao estudante tomar consciência de sua própria atuação. Não basta repetir o exercício; é preciso refletir sobre como foi o processo para realizá-lo e sobre as condições ideais de sua utilização. Isso implica fazer exercícios e práticas com o suporte reflexivo que permita analisar as execuções para detectar as falhas e, por conseguinte, poder melhorar. O conhecimento significativo que o aluno tem dos conteúdos conceituais associados ao conteúdo procedimental que exercita ou aplica contribui de forma eficaz para isso.

d. A **aplicação em contextos diferenciados** baseia-se no fato de que aquilo que aprendemos será mais útil à medida que o pudermos utilizar em situações novas ou diferentes. Para isso, as exercitações devem ser realizadas em contextos e com conteúdos diferentes, para que a aprendizagem dos conteúdos procedimentais se garantam e se consolidem no proceder habitual do estudante.

> *Em síntese, **repetindo, exercitando, dominando** e **personalizando** as ações normais e cotidianas de cada procedimento que esteja disposto a aprender, o aluno dará passagem à sua funcionalidade. Chegando a esse ponto, mesmo que tenha aprendido o procedimento em uma área específica, poderá aplicá-lo em qualquer situação de outra área.*

3.2.6 Processo sequencial no ensino-aprendizagem dos conteúdos procedimentais

No desenrolar do ensino dos conteúdos procedimentais, por parte do professor, e da correspondente aprendizagem, por parte dos alunos, devem-se seguir sequências ou passos que garantam o sucesso do processo:

a. Para organizar uma adequada **sequência de conteúdos** procedimentais, convém assegurar, primeiro, o domínio dos procedimentos considerados básicos, isto é, que atendam às necessidades urgentes a serem satisfeitas, como o domínio da capacidade de leitura ou a manipulação correta dos objetos utilizados no laboratório.

b. Assegurar, também, a aprendizagem dos **procedimentos que se mostrem mais poderosos** que outros em face da solução de tarefas, ou como requisito prévio para outras aprendizagens diversas ou posteriores, por exemplo, a compreensão é anterior à descrição, à interpretação ou à explicação.

c. Cuidar primeiro dos **procedimentos que sejam mais simples**, baseando-se no grau de conhecimento e na prática dos alunos, levando em conta que se podem atingir diferentes níveis de complexidade na aprendizagem de conteúdos procedimentais. Nesse sentido, o professor deverá ter ciência do nível de profundidade e de domínio a que quer chegar com seus alunos. Se o que pretende é que o aluno domine uma técnica, bastará repeti-la várias vezes até que sua utilização se torne habitual. Se, além disso, o que pretende é que o aluno aprenda uma estratégia e não apenas domine uma técnica específica, afora a repetição das ações, será fundamental acompanhar essa repetição de uma constante reflexão que personalize e avalie as ações, a fim de melhorar sua utilização e, posteriormente, transferi-las a situações mais complexas. Nesse sentido, poderão ser estabelecidos diversos níveis na aprendizagem de procedimentos, conforme se trate da aprendizagem de técnicas ou de estratégias: aplicam-se a situações iguais, aplicam-se a situações diferentes, faz-se uso estratégico delas, recriam-se procedimentos alternativos e justifica-se sua pertinência etc.

d. Atender à **globalidade da tarefa educacional**, por exemplo, priorizando os procedimentos relacionados à satisfação da vida profissional e social, ou aqueles relacionados com a aquisição de estratégias pessoais de trabalho etc. Os procedimentos, no fundo, referem-se ao *saber fazer* na maior parte das circunstâncias possíveis. São **saberes** que determinam, em grande parte, a capacidade da **inteligência estratégica** de uma pessoa e que lhe permitem tomar decisões diversas com mais acerto e segurança, como comunicar-se, elaborar projetos, argumentar, refletir, analisar situações, resolver problemas, lidar com conflitos, encontrar os meios adequados etc.

A seguir, apresentamos uma sequência de quadros (Quadros 2.2, 2.3, 2.4, 2.5, 2.6, 2.7, 2.8 e 2.9) que trazem, esquematicamente, a hierarquização e a estreita relação que existe entre a proposta de um procedimento, as técnicas correspondentes e os necessários recursos didáticos que entram em jogo para a realização de uma atividade de ensino e de aprendizagem (Trepat e Carbonell, 1990).

Quadro 2.2 – Distinção ou separação entre procedimento e técnica

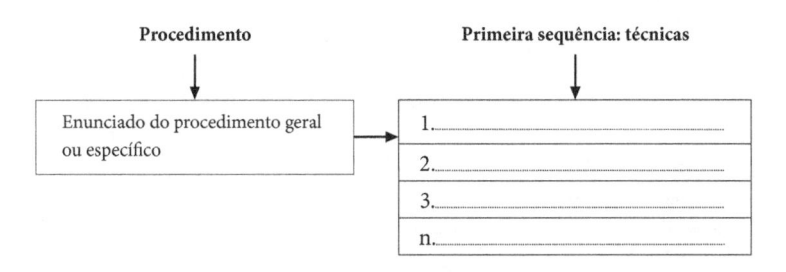

Procedimento	Primeira sequência: técnicas
Enunciado do procedimento geral ou específico	1. 2. 3. n.

Quadro 2.3 – Enunciado de um procedimento e relação de algumas técnicas correspondentes

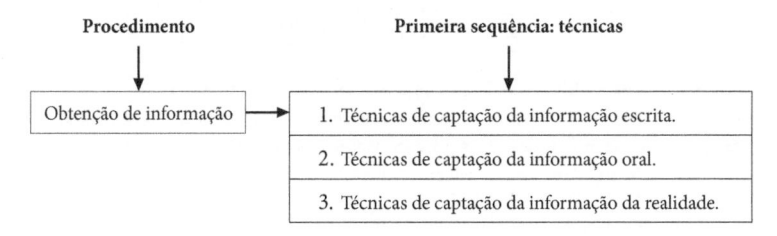

Procedimento	Primeira sequência: técnicas
Obtenção de informação	1. Técnicas de captação da informação escrita. 2. Técnicas de captação da informação oral. 3. Técnicas de captação da informação da realidade.

Quadro 2.4 – Sequência de procedimento, técnicas e atividades de aprendizagem

Procedimento	Primeira sequência: técnicas	Passos de cada técnica (subsequência)	Recursos ou meios didáticos
Enunciado do procedimento geral ou específico	1. ...... 2. ...... 3. ...... n.	1. ...... 2. ...... n.	1. ...... 2. ...... n. ......

Atividades de aprendizagem

O que realmente se realiza em sala de aula são as atividades de aprendizagem (por exemplo, o destaque das ideias principais de um texto específico). Essas atividades adquirem pleno sentido quando voltadas à obtenção do domínio de técnicas mais complicadas e diversificadas, que em conjunto formarão, em complexidade crescente, a obtenção de um procedimento no aluno. O processo de sequência anterior à atividade, tal como é realizada aqui, dá-nos a diretriz de sentido lógico geral do que é realizado em sala de aula.

Quadro 2.5 – Sequências de técnicas e recursos didáticos

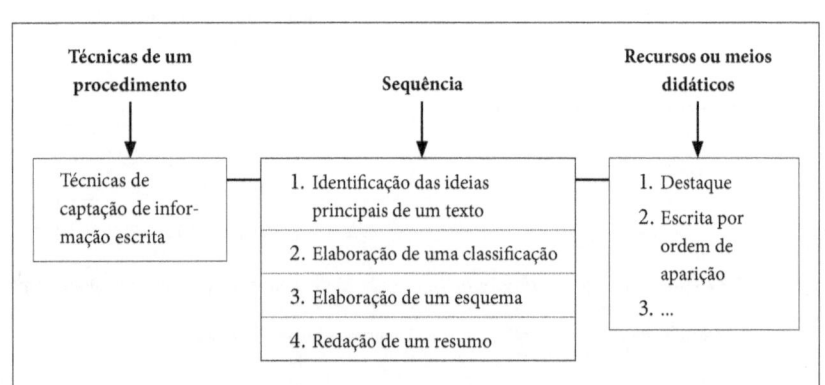

Técnicas de um procedimento	Sequência	Recursos ou meios didáticos
Técnicas de captação de informação escrita	1. Identificação das ideias principais de um texto 2. Elaboração de uma classificação 3. Elaboração de um esquema 4. Redação de um resumo	1. Destaque 2. Escrita por ordem de aparição 3. ...

Uma técnica ou grupo de técnicas deve ser sequenciada com base na seleção de passos que, dos mais simples aos mais complexos, formem uma rede possível de ação. Cada um desses passos, como a identificação das ideias principais de um texto, pode ser realizado por diversos meios ou recursos didáticos alternativos (destacar, sombrear, escrever em papel à parte etc.).

Quadro 2.6 – *Programação de técnicas e recursos específicos sobre um tema*

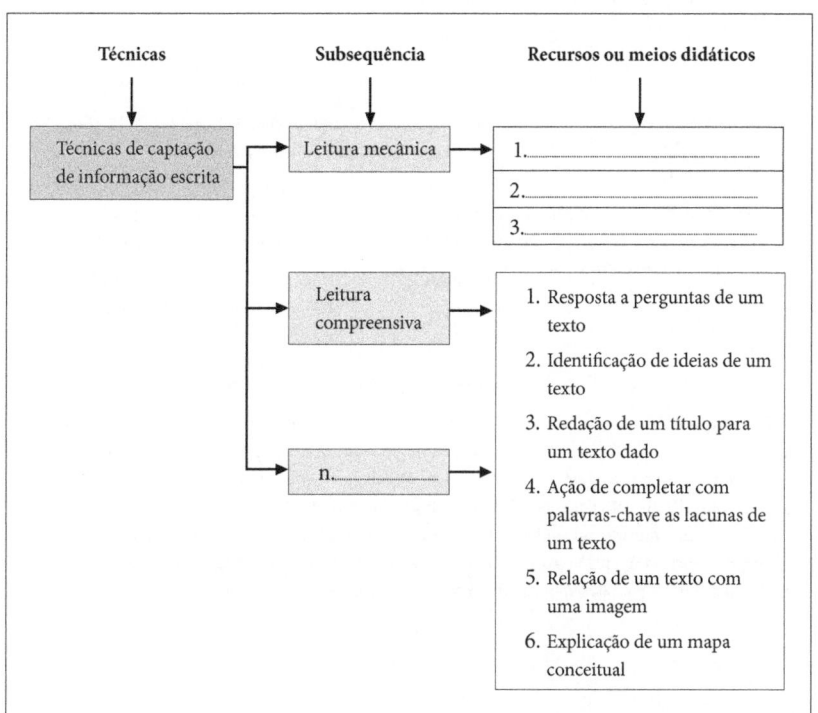

Técnicas	Subsequência	Recursos ou meios didáticos
Técnicas de captação de informação escrita	Leitura mecânica	1. .... 2. .... 3. ....
	Leitura compreensiva	1. Resposta a perguntas de um texto 2. Identificação de ideias de um texto 3. Redação de um título para um texto dado 4. Ação de completar com palavras-chave as lacunas de um texto 5. Relação de um texto com uma imagem 6. Explicação de um mapa conceitual
	n.	

 A elaboração de sequências de uma técnica ou grupo de técnicas pode ser muito diversa, e cada professor deve adequá-la a sua realidade e a suas próprias habilidades. Para programar recursos ou meios didáticos, é extremamente útil consultar os livros sobre técnicas de estudo, tal como fizemos neste caso.

 Alguns dos meios para trabalhar a compreensão de textos e verificar seu grau e profundidade foram obtidos de Noguerol, A. (1994): *Técnicas de aprendizaje y estudio: aprender en la escuela*. Barcelona, Graó.

Quadro 2.7 – Exemplo de programação dos recursos ou meios didáticos para a aprendizagem paulatina de um procedimento (parcial)

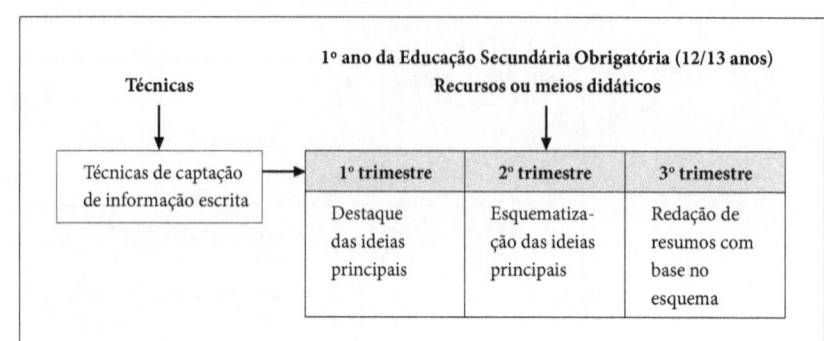

Técnicas	1º ano da Educação Secundária Obrigatória (12/13 anos) Recursos ou meios didáticos		
	1º trimestre	2º trimestre	3º trimestre
Técnicas de captação de informação escrita	Destaque das ideias principais	Esquematização das ideias principais	Redação de resumos com base no esquema

Para a aprendizagem de um procedimento geral, como a obtenção de informação, seria extraordinariamente importante para sua eficácia didática que todas as áreas ou disciplinas de um curso se pusessem de acordo para programar o mesmo tipo de atividade de aprendizagem no que concerne ao meio ou recursos didáticos, obviamente aplicados a conteúdos conceituais diversos. Assim, por exemplo, no primeiro ano da Educação Secundária Obrigatória, todas ou grande parte das áreas durante o primeiro trimestre praticariam, entre outros, o destaque de ideias principais, a esquematização dessas ideias durante o segundo, para desembocar, durante o terceiro, na prática do resumo.

| Ensine a estudar... aprenda a aprender

Quadro 2.8 – *Esquema de um quadro de programação de procedimentos do ponto de vista da sequência psicológica*

Procedimento	Sequência psicológica				
	6/8 anos	8/10 anos	10/12 anos	12/14 anos	14/16 anos
Uso geral do mapa	Identificar terras e mares em mapas continentais.	Encontrar informação específica em um atlas usando o índice de topônimos.	Medir distâncias de rotas previamente traçadas usando mapas de diversas escalas.	Interpretar mudanças do tempo em mapas temáticos e imagens de satélite.	Localizar no mapa lugares para propósitos específicos com base em dados temáticos pertinentes.
Situação e orientação no espaço					
O ponto de vista no plano etc.					

A sequência psicológica – que recebe esse nome em função do desenvolvimento cognitivo do aluno – é facilmente programada com um quadro de dupla entrada (mais complexo) semelhante a este. Os procedimentos situam-se à esquerda e, na parte superior, especifica-se a idade do aluno. No quadrado resultante da interseção, redigem-se em forma de objetivo os enunciados referentes ao grau e ao tipo de alcance de cada procedimento. Este quadro é uma exemplificação simples do sistema e, evidentemente, há mais procedimentos e muito mais enunciados em cada quadrado do que os colocados aqui, obviamente por evidentes questões de espaço.

Quadro 2.9 – Hierarquização lógica de elementos na aplicação de um procedimento

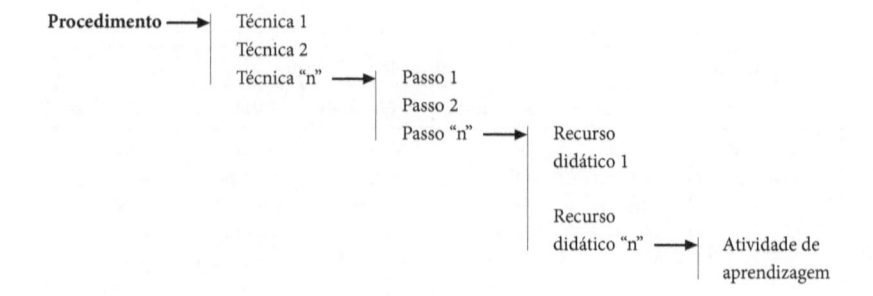

```
Procedimento ──▶ Técnica 1
                 Técnica 2
                 Técnica "n" ──▶ Passo 1
                                 Passo 2
                                 Passo "n" ──▶ Recurso
                                               didático 1

                                               Recurso
                                               didático "n" ──▶ Atividade de
                                                                aprendizagem
```

3.2.7 Procedimentos básicos de estudo e aprendizagem

Na literatura pedagógica existem expressões clássicas para referir-se a essas aprendizagens iniciais que possibilitam a atividade escolar: são as **técnicas instrumentais básicas** ou as **bases pedagógicas da aprendizagem escolar**. Ambas as expressões referem-se à aprendizagem da *leitura*, da *escrita* e do *cálculo*, imprescindíveis para poder estudar e avançar nas sucessivas etapas do sistema educacional.

1. **O estudo** – É o procedimento fundamental da aprendizagem escolar ou acadêmica. Trata-se de um procedimento cognitivo, muito complexo e heurístico. Sua complexidade é ampla e vai desde iniciação à leitura, à memorização compreensiva e passa por aspectos tão diversos como a organização de dados, a organização do tempo de estudo ou as atitudes e aptidões do estudante.

2. **A linguagem, a expressão oral e a escrita** – O domínio da própria língua é o instrumento mais necessário para pensar e se expressar. Nossos pensamentos e ideias encerram-se nas palavras. A primeira e mais importante deficiência que as crianças costumam apresentar ao chegar à escola está relacionada com o domínio da linguagem. Essa é uma das poderosas razões para começar a Educação Infantil o quanto antes.

    Se uma equipe docente decidisse trabalhar esse procedimento básico, teria que formular um objetivo como o seguinte: "Nesta instituição de ensino, etapa ou nível, conforme o caso, propomo-nos a enriquecer ao máximo a linguagem de nossos alunos, tanto na compreensão quanto na expressão. Será preocupação de todos os professores, de qualquer matéria, e procurar-se-á conseguir em circunstâncias normais de sala de aula e fora dela". Na consecução desse objetivo, os professores teriam que trabalhar os seguintes aspectos:

    a. **Linguagem oral** – Potencializar nos alunos as expressões corretas enquanto se corrigem as imprecisões verbais e as expressões incorretas.

b. **Vocabulário** – Fomentar a elaboração de uma relação de palavras – de cada matéria – cujo conhecimento e uso correto os alunos devem dominar, chegando a confeccionar um *vocabulário específico* pessoal.

c. **Linguagem escrita** – Desenvolver exercícios de redação com uma clara exigência das características em sua apresentação: tipo de letra, ortografia, margens etc.

3. **A precisão de conceitos** – Saber definir é a demonstração máxima do exercício mental. Para apresentar uma definição, é preciso pôr em marcha as aptidões do cérebro. Os alunos que adquirem o hábito de definir os conceitos com rigor terão avançado muito em sua capacidade de compreensão, expressão e raciocínio.

O desenvolvimento da aprendizagem e o uso desse procedimento mental podem ajudar na consecução dos demais conteúdos procedimentais, tanto gerais como específicos. A equipe docente poderia formular um objetivo como o seguinte: "Como expoente máximo de todos os procedimentos mentais, nesta instituição de ensino, etapa ou nível, conforme o caso, procuraremos fazer com que os alunos adquiram o costume de definir exatamente, univocamente, os conceitos que empregam". Para isso, fomentar-se-á o hábito de expressar-se com palavras apropriadas, o uso do dicionário, vocabulários específicos das matérias, a precisão e a concisão nas definições etc.

3.2.8 Avaliação dos conteúdos procedimentais

Os conteúdos procedimentais devem ser tão avaliados quanto os demais conteúdos curriculares. Os critérios e os momentos em que se realizará a avaliação dos procedimentos podem ser muito diversos. Por essa razão, é muito conveniente que a equipe docente indique os critérios e determine as demais circunstâncias sobre como se deve realizar a avaliação. Podemos sugerir que, em congruência com o anteriormente exposto sobre o ensino e a aprendizagem dos procedimentos, levem-se em conta os seguintes aspectos em sua avaliação:

› O *caráter funcional* de um instrumento pode ser avaliado mediante a aplicação em uma situação diversa, mas equivalente à da aprendizagem inicial.
› A *graduação* na aprendizagem dos procedimentos que garanta um bom domínio dos diversos passos é avaliada mediante um acompanhamento contínuo.
› A *aplicabilidade* de alguns procedimentos nas diversas áreas, ou sua avaliação, deve ser feita também com coerência, com base em seus resultados nas diferentes áreas ou em situações globais.
› Na *relação* que, com frequência, é estabelecida entre conceitos e procedimentos, deve-se procurar não avaliar os procedimentos em relação a conceitos de excessiva

complexidade ou reduzir sua aplicação a um único campo conceitual (no primeiro caso, a complexidade incapacita a aplicação do procedimento e, no segundo, não se pode comprovar sua funcionalidade).

› A *interiorização* de procedimentos pode ser comprovada pedindo aos alunos que verbalizem os procedimentos adquiridos.

Entre as *técnicas, ferramentas* ou *instrumentos* que podem ser empregados para a **avaliação dos conteúdos procedimentais** podemos citar, entre outros, os seguintes: exibição pública de habilidades e competências, apresentações orais, entrevistas, relatórios de autoavaliação, simulações, ensaios ou outras formas de manifestações escritas, demonstrações ou representações, diários, caderneta de anotações, portfólios etc.

> O *portfólio, como **arquivo pessoal** e **registro cumulativo** das produções de cada aluno, proporciona uma visão sinóptica avaliadora mediante a exposição do trabalho realizado pelo aluno durante certo tempo. Permite a análise histórica do processo de aprendizagem dos conteúdos procedimentais e a demonstração visível e organizada da evolução nessa aprendizagem pelo domínio alcançado em técnicas ou estratégias específicas. As **realizações** ou **produções** que se acumulam ou se registram no* **portfólio** *podem ser diversas: exercícios, trabalhos, desenhos, redações, registros obtidos por meio de observação ou autoavaliação, resumos de leituras etc.*

O **portfólio** favorece a aprendizagem *reflexiva* e a *autoavaliação* do aluno em relação aos conteúdos procedimentais que vai adquirindo. O fato de o estudante poder decidir que *produções* incorporará a seu portfólio, conforme os critérios predeterminados, representa uma reflexão que lhe permite conhecer melhor as experiências que favorecem sua aprendizagem, isto é, o *portfólio é um registro* que pode ser entendido como a *memória avaliadora* do processo de aprendizagem do aluno: *o que aprendeu e como aprendeu*, ou seja, como pensa, questiona, analisa, sintetiza, produz, cria e de que maneira interage (intelectual, emotiva e socialmente) com os outros colegas de classe (Figura 2.1).

Figura 2.1 – *Avaliação da aprendizagem de procedimentos com portfólios*

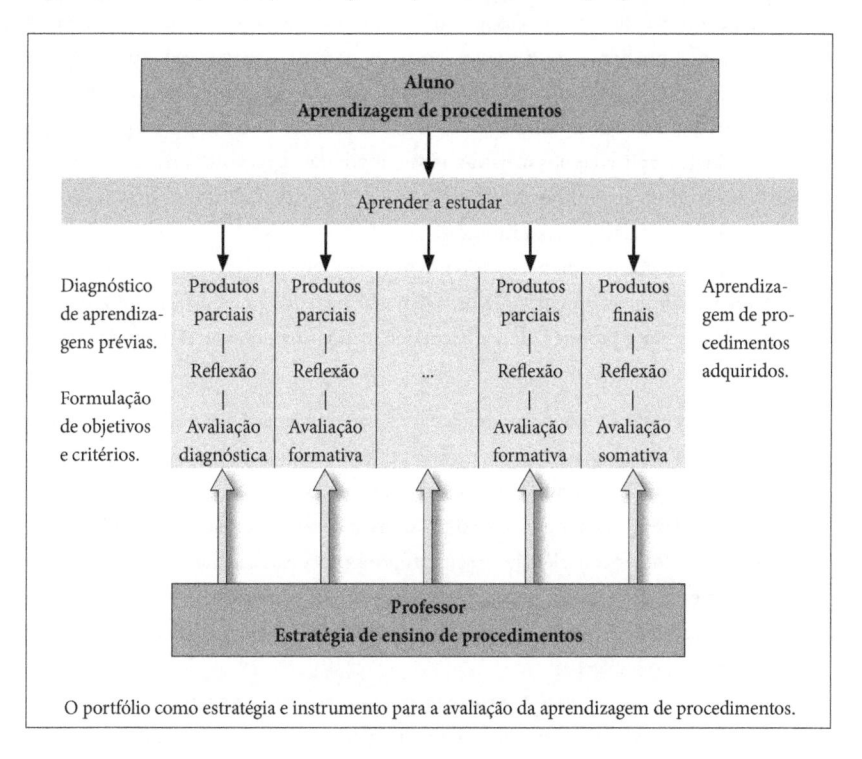

			Aluno **Aprendizagem de procedimentos**			
			↓			
			Aprender a estudar			
	↓	↓	↓	↓	↓	
Diagnóstico de aprendizagens prévias. Formulação de objetivos e critérios.	Produtos parciais │ Reflexão │ Avaliação diagnóstica	Produtos parciais │ Reflexão │ Avaliação formativa	...	Produtos parciais │ Reflexão │ Avaliação formativa	Produtos finais │ Reflexão │ Avaliação somativa	Aprendizagem de procedimentos adquiridos.
	⇧	⇧		⇧	⇧	
			Professor **Estratégia de ensino de procedimentos**			

O portfólio como estratégia e instrumento para a avaliação da aprendizagem de procedimentos.

3.3 Estratégias de estudo e aprendizagem

3.3.1 Sentido didático das estratégias

O desenvolvimento e a aplicação de estratégias no processo de ensino-aprendizagem dos conteúdos procedimentais são um dos elementos e das justificativas do que podemos chamar de didática do estudo, que explicamos no último tópico desta unidade didática. Agora, vamos nos aprofundar no papel que representam as estratégias tanto no ensino quanto na aprendizagem dos conteúdos procedimentais, na responsabilidade dos professores em seu ensino e da participação dos estudantes para pô-las em prática.

As *estratégias* são consideradas meios para enfrentar com sucesso a consecução de metas ou para enfrentar as situações de aprendizagem. Já vimos que as estratégias de estudo fazem referência, fundamentalmente, ao conjunto de mecanismos de controle e de planejamento dos processos cognitivos voltados à codificação, à transformação e ao armazenamento de informação. As **estratégias de aprendizagem**, em consequência, podem ser consideradas comportamentos planejados que selecionam e organizam mecanismos cognitivos, afetivos e motores, com a finalidade de enfrentar situações-problema, globais ou específicas, ou como sequência de diversas atuações do estudante para chegar à aprendizagem. Por último, podemos concluir que as estratégias de aprendizagem se traduzem em regras de tipo lógico-psicológico, aplicadas aos mais variados campos da cognição – percepção, atenção, memória, linguagem, aprendizagem etc. – e que compreendem tanto os processos de assimilação quanto os de descoberta e invenção.

Existem autores que julgam necessário um novo enfoque baseado no ensino das *estratégias de aprendizagem* de ordem superior com maior poder de generalização, propiciando a corrente de **ensinar a pensar** (Alonso Tapia, 1987). Eles delimitam três áreas de atenção educacional:

1. Uma corrente centrada propriamente no **ensinar a pensar**, em que o interesse máximo reside em implantar e desenvolver nos estudantes um conjunto de habilidades cognitivas que lhes permita otimizar seus processos de raciocínio.
2. Outra vertente voltada para o **ensinar sobre o pensar**, na qual os alunos são estimulados a tomar consciência de seus próprios processos e estratégias mentais (metacognição), para, dessa forma, poder controlá-los e modificá-los, melhorando o rendimento e a eficácia na aprendizagem individual e, por extensão, em qualquer tarefa de tipo intelectual.
3. Uma última perspectiva foca o **ensinar com base no pensar** e ocupa-se de incorporar ao currículo escolar objetivos de aprendizagem relativos às habilidades cognitivas, adaptando-as às diversas áreas de conteúdo e aos diferentes níveis educacionais.

Existe certa interdependência e complementaridade entre as **técnicas de estudo** (microestratégias) e as **estratégias de estudo e aprendizagem** (macroestratégias):

> As **técnicas de estudo** (microestratégias) são as responsáveis pela realização direta da tarefa escolar por meio de operações ou procedimentos específicos.
> As **estratégias de estudo** (macroestratégias), baseadas no metaconhecimento, são as encarregadas de estabelecer os parâmetros de uma tarefa, localizar os erros, determinar as táticas e os métodos de intervenção mais apropriados, controlar sua aplicação e tomar decisões ulteriores com base nos resultados obtidos (Monereo, 1990).

O conceito de **estratégias de estudo e aprendizagem** representa um nível mais avançado que o de **técnicas de estudo**, posterior na aquisição, as quais se baseiam em si mesmas. A estratégia de aprendizagem implica a capacidade de reconhecer e controlar a situação de aprendizagem, mas isso só é possível quando se tem um adequado domínio das técnicas básicas. Não é possível aplicar habilidades que não se possuam, e essa é a diferença entre a técnica e a estratégia. Esta última está relacionada às habilidades metacognitivas e representa o processo mediante o qual se escolhem, se coordenam e se aplicam as técnicas e as próprias estratégias.

3.3.2 Desenvolvimento de estratégias: *"aprender a aprender"*

O desenvolvimento das habilidades metacognitivas, como o conhecimento dos próprios processos cognitivos, o planejamento de atividades, o controle e a gestão da informação ou a consciência na tomada de decisões, constitui-se no objetivo fundamental das estratégias de estudo, as quais são muito úteis por dinamizarem, mental e operativamente, a atividade da aprendizagem escolar. Isso representa o desenvolvimento de um tipo de conhecimento e da inteligência estratégica dos alunos.

A preocupação com o desenvolvimento das estratégias de estudo não é tão atual como poderia parecer. Na opinião de Monereo (1992), as respostas educacionais que historicamente as estratégias de estudo e aprendizagem receberam, seguiram uma periodicidade de bastante constância, e aproximadamente em cada década do século XX foi possível identificar uma colaboração original, obviamente aparentada com os modelos psicopedagógicos dominantes em cada momento. Esse autor apresenta três grandes blocos conceituais no momento de definir o que significa **"aprender a aprender"**, os quais expomos a seguir.

I. Aprender a aprender = praticar bons métodos de aprendizagem

Neste enfoque, que se situa dentro de um grande período, entre 1920 e 1950, prima-se por uma ideia simplificada e reducionista da mente humana, que oscila entre a acientificidade dos introspeccionistas, que aceitam como verdadeiro tudo o que o sujeito "diz que pensa", e o mecanicismo dos comportamentalistas, que advogam um enfoque "ginástico" ou mecanicista do conhecimento, no qual a repetição convenientemente controlada permitiria ao estudante alcançar altas cotas de rendimento intelectual. Ambas as correntes defendiam, com base em postulados radicalmente opostos, a necessidade de empregar "bons" métodos de aprendizagem.

II. Aprender a aprender = arquivar, organizar e gerir os conhecimentos

Situa-se no período entre 1960 e 1970 e apresenta como coexistentes duas correntes: por um lado, a *psicologia cognitiva*, liderada por Piaget, que considera que o aluno cresce, intelectualmente falando, quando são introduzidas tarefas que originam desequilíbrios nos momentos "críticos" do desenvolvimento psicológico do estudante, de forma que facilitam a elaboração de novos esquemas capazes de assimilar as relações lógicas subjacentes à tarefa. No outro polo, situa-se a opção *comportamental-cognitiva*, que continua defendendo o poder modificador das consequências de uma conduta sobre ela mesma, mas admite que essas contingências podem se produzir internamente, por meio da emissão de imagens e instruções mentais. Ambos os modelos destacam a necessidade de promover habilidades de aprendizagem, capacidades e destrezas que permitam ao indivíduo agir de forma competente diante de uma tarefa escolar.

III. Aprender a aprender = dominar os próprios mecanismos de aprendizagem

A partir de 1980, são duas as opções dominantes: o *construtivismo* e o *processamento da informação*, de certa maneira complementares, embora com objetos de estudo originariamente diferentes.

O *construtivismo* considera os dispositivos facilitadores da aprendizagem como sistemas de mediação que favorecem a construção da representação interna de uma informação determinada. Potencializa, assim, procedimentos mediadores: *mapas conceituais, esquemas personalizados, anotações relacionais* etc.

O modelo de *processamento da informação* analisa os processos de "gestão de dados" que ocorrem no sistema cognitivo humano ao realizar uma tarefa de aprendizagem ou de resolução de problemas. Dessa maneira, falam de *níveis de atenção* (difusa ou focalizada), de *retenção e recuperação* (memória e seus tipos, conhecimento declarativo, processual ou procedimental) ou de *raciocínio* (indutivo ou dedutivo), que começam a oferecer uma *fundamentação teórica* às técnicas de estudo tradicionais e a dotá-las de uma nova formulação.

Dansereau (1985) classifica as estratégias em:

> **primárias**: que manejam diretamente os materiais e que incluem a compreensão, a retenção e a recuperação/utilização do conhecimento contido neles;
> **secundárias** ou de apoio: que pretendem criar o clima adequado, elaboram os objetivos e planejam metas, concentram a atenção e controlam o processo de aprendizagem.

Weinstein e Mayer (1986) são muito mais precisos ao desmembrarem essa classificação dicotômica em cinco categorias de aprendizagem:

1. Estratégias de **repasse** ou **repetição** – Compreenderiam as práticas de *registro, cópia, repetição* e *hábito de uso de técnicas de estudo básicas*, com um grau de controle cognitivo baixo.
2. Estratégias de **elaboração** – Incluem as técnicas, métodos e formas de representação de dados que favorecem as conexões entre os conhecimentos previamente aprendidos e os novos. Entrariam, aqui, as seguintes ações: *tomar notas, elaborar esquemas, resumos, diagramas, mapas conceituais* etc. Embora maior, o nível cognitivo continua sendo baixo.
3. Estratégias de **organização** – Representam o domínio do agrupamento, a ordenação e a categorização de dados, a fim de chegar a uma representação fidedigna da

estrutura da informação objeto de ensino-aprendizagem. Neste grupo, encontrar-se-iam as competências relativas à *ordem* temporal, espacial ou procedimental de eventos, à *identificação* da estrutura textual de um escrito (expositivo ou narrativo), à *representação* precisa de um tema segundo o tipo de conteúdos que incorpore, como *conceitos*: redes semânticas; *princípios*: modelos; *procedimentos*: diagramas de decisão; *atitudes/valores*: hierarquias, classificações, taxonomias etc. É evidente que o controle cognitivo é superior.

4. Estratégias de **regulação** ou de **controle de compreensão** – Abarcariam a utilização de habilidades metacognitivas em suas diversas esferas: meta-atenção, metacompreensão, metamemória. O grau de controle cognitivo é elevado.

5. Estratégias **afetivas** e **motivacionais** – Este último grupo incluiria as preferências cognitivas, instrucionais e ambientais que o aluno mostra no momento de aprender e as possibilidades de controle que é capaz de exercer sobre essas variáveis de disposição e de contexto. Seria, pois, a utilização estratégica, e, portanto, consciente e intencional, de um estilo pessoal de aprendizagem, de um estilo motivacional e de um enfoque ou orientação pessoal de estudo. Exige o grau máximo de controle cognitivo.

Por último, podemos apreciar, na abundante bibliografia que existe sobre esse tema, duas claras tendências:

a. A primeira, dentro de um **enfoque pedagógico**, tende a descrever, com melhor ou pior sucesso e riqueza de análise, uma relação de **técnicas de estudo**, sem entrar em muitos "esclarecimentos teóricos ou conceituais", baseando-se fundamentalmente no **como** há de se realizar o estudo. Essa postura pretende, basicamente, oferecer ao aluno uma série de recursos que o ajudem em seu trabalho escolar. Aqui, podemos situar a grande quantidade de propostas que iniciam com o clássico *Effective Study* de Robinson (1941), até as publicações mais recentes. Desde então, surgiu grande quantidade de métodos diversos a partir do **SQ3R** (*Survey* = examinar, *Question* = perguntar, *Read* = ler, *Record* = anotar, *Recite* = recitar), entre eles o método **PLERER** (Pré-leitura, Leitura de análise e síntese, Estudo de assimilação e compreensão, Revisão, Esquema final e Repasse (Castillo Arredondo, 1982), que expomos mais adiante em outra unidade didática.

b. A segunda, mais recente, pode ser considerada de **enfoque psicológico**, na qual ganham mais importância os processos internos que se dão no sujeito que estuda ou aprende do que a técnica propriamente dita. Pode ser englobada no que alguns autores chamam de *ajuda psicológica*, dentro dos enfoques de modificação de conduta, em que os processos de autorregulação e metacognição são fundamentais.

3.4 Didática do estudo

3.4.1 Da didática geral à didática do estudo
A tarefa fundamental da didática é a direção do processo de ensino, considerando-o como intencional. Por extensão, podemos aplicar o conceito e o formato da didática à função docente prioritária de **ensinar a estudar** para que o aluno possa chegar a **aprender a aprender**. No conteúdo desta unidade didática analisamos os elementos fundamentais que intervêm, de uma forma ou de outra, no ensino e na aprendizagem da complexa tarefa de estudar, principalmente os *conteúdos procedimentais*. Agora é o momento de vermos a forma de integrar todos esses elementos para assegurar que, de modo efetivo, a **didática do estudo seja a garantia da aprendizagem** dos alunos.

Comenius, no século XVII, considerou a didática como "... um artifício universal para ensinar tudo a todos... Ensinar realmente, de modo certo, de tal forma que não se possa menos que obter resultado... Ensinar rapidamente, sem incômodos... e ensinar com solidez, não superficialmente..." (*Didática Magna*). Em nosso tempo, poderíamos traduzir isso por: "tudo se pode aprender quando existe alguém que saiba ensinar". A didática justamente se ocupa de que esse alguém, o *professor*, saiba ensinar tudo quanto for possível a um *aluno* que esteja disposto a aprender. E a primeira coisa de que o estudante necessita é alguém que o ensine a aprender a estudar para aprender os conteúdos curriculares e para realizar as demais tarefas escolares ou acadêmicas.

Tomando as contribuições de autores mais recentes (Mattos, Titone e Fernández Huerta, entre outros), podemos considerar a didática como "um conjunto sistemático de princípios, normas, recursos e procedimentos específicos que todo professor deve conhecer e saber aplicar para orientar seus alunos com segurança na aprendizagem das matérias curriculares, tendo em vista os objetivos educacionais". Grande parte dessa *didática geral* que se ocupa de tudo o que afeta o processo de ensino-aprendizagem tem sua tradução e aplicação específica nas *didáticas especiais* das áreas do currículo: didática da língua, didática da matemática, didática de leitura e escrita etc. Aqui, entre as didáticas especiais, devemos situar a **didática do estudo** e da aprendizagem escolar.

> *Parece lógico que, antes de exigir dos alunos a aprendizagem dos conteúdos curriculares, o professor lhes ensine primeiro as técnicas e os procedimentos que devem utilizar para estudá-los e aprendê-los. Infelizmente, o conteúdo e o desenvolvimento das didáticas especiais das áreas curriculares, da língua, por exemplo, estão voltados para a preparação do professor e ocupam-se, basicamente, do modo como ensiná-la, mas não se preocupam, igualmente, com o modo como o aluno a deve trabalhar e estudar para chegar melhor à aprendizagem.*

Por outro lado, também está dentro das nobres funções da didática a tarefa do professor de motivar o estudante para que se esforce para superar os obstáculos que pode encontrar no desenvolvimento de sua aprendizagem. Essa dinâmica de ajuda e estímulo não é possível fora de um âmbito ou de um *clima* em que haja um contato vital com o objeto de estudo, para que seja vivenciado e familiarizado pelo aluno e seja fruto de uma fluente intercomunicação entre estudante e professor. Nesse ambiente, é mais fácil estabelecer uma aprendizagem *significativa*, na qual o estudante lança mão de suas melhores habilidades e atitudes, e o professor contribui *facilitando* o quanto estiver a seu alcance para ativar o processo de ensino-aprendizagem que se estabelece.

> "Não se deve confundir um procedimento com uma determinada metodologia. O procedimento é a destreza que queremos ajudar o aluno a construir. É, portanto, um conteúdo escolar objeto do planejamento e intervenção educacional, e a aprendizagem desse procedimento pode ser trabalhada por meio de diferentes métodos." (Diseño Curricular Básico, MEC, 1989, 42)

3.4.2 Ato didático

Um elemento básico de qualquer atuação didática é a comunicação. O processo de ensino-aprendizagem é o grande cenário de intercomunicação didática. Como máximo expoente dessa realidade temos o ato didático: *atividade na qual se relaciona aquele que ensina, professor, com aquele que aprende, estudante.* Titone (1966) aponta que "por ato didático deve-se entender a relação dinâmica interpessoal estabelecida entre o docente e o discente. Do docente procede o estímulo e o ensino; no discente realiza-se o fato da aprendizagem como assimilação do saber". Enfim, trata-se de uma ação comunicativa entre o professor e o aluno, a qual implica um programa elaborado, uma coordenação e uma intencionalidade para alcançar os objetivos propostos. Suas características básicas são:

› É uma *comunicação interpessoal*: diálogo *didático* entre o professor e o aluno.
› É uma *relação dinâmica* e *intencional* de ambas as partes.
› É uma relação que atende a *finalidades e objetivos específicos* dentro do amplo processo de ensino-aprendizagem.
› É *vital*, visto que intervém na modificação de *aspectos de vida* do aluno.
› É *perfectivo*, pois pretende *melhorar a situação de partida*.
› É *voluntário*, pois sem a vontade de *diálogo entre professor e estudante* a atuação didática não é possível. *Quando um não quer, dois não brigam!*

Como elementos integrantes do ato didático consideramos:
> elementos pessoais: o professor e o aluno;
> elementos de atividade didática: o objeto da matéria do processo de ensino-aprendizagem;
> elementos circunstanciais: condicionantes da atividade didática, situação espaço-temporal, clima da sala de aula, psicologia dos elementos pessoais etc.

O professor e o aluno estão comprometidos e inter-relacionados no trabalho da matéria; o primeiro para ensiná-la, e o segundo para aprendê-la. O professor é o mediador entre a estrutura conceitual da matéria e a estrutura cognitiva dos alunos. Sua função é transmitir os conteúdos enquanto facilita aos alunos aprendê-los, com base na clássica estrutura da comunicação: o *professor* é o **emissor**, o *aluno* é o **receptor**, a **mensagem** é o conteúdo da *matéria*, a *aula* é o **meio**, e o **canal** é a *explicação*, o livro didático, um CD ou um DVD. De qualquer maneira, a comunicação entre o professor e o aluno deve ser **bidirecional**, no sentido de que tanto um quanto outro podem ser emissores ou receptores, conforme requeira a dinâmica do processo de ensino-aprendizagem. Só assim podem manter o diálogo imprescindível em toda atividade didática (Figura 2.2).

Figura 2.2 – Elementos integrantes do ato didático

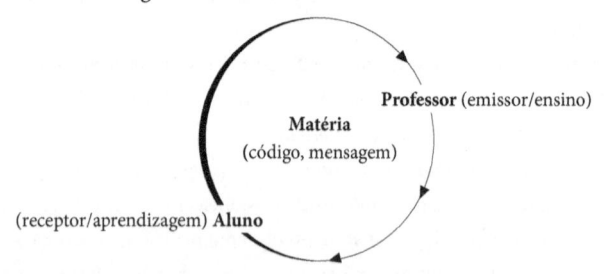

```
                    Professor (emissor/ensino)
            Matéria
        (código, mensagem)

(receptor/aprendizagem) Aluno
```

É conveniente ter em mente, com referência ao ensino e à aplicação dos variados conteúdos procedimentais, os diversos aspectos que afetam os três elementos básicos que, como vimos, protagonizam toda **atividade didática de ensino-aprendizagem**:

1. *Aluno*: aspectos como idade, sexo, aptidões, conhecimentos prévios, experiência própria, motivação, nível de aspirações etc.
2. *Conteúdo de aprendizagem*: aspectos referentes à seleção dos conteúdos procedimentais, à aplicação de técnicas específicas, às atividades, à organização, ao grau de dificuldade, à significância, à temporalização etc.
3. *Professor*: aspectos relacionados com o *design* dos conteúdos procedimentais, a contribuição do docente, a orientação da aprendizagem, a metodologia e a prática, as estratégias de ensino, a avaliação de processos e resultados etc.

Na Figura 2.3 podemos apreciar a estreita relação dos elementos básicos do **ato didático** no que se refere à necessária tarefa de ensinar a estudar como compromisso prioritário no desenvolvimento dos conteúdos que devem ser trabalhados pelo **professor** e pelo **aluno**.

Figura 2.3 – O ato didático

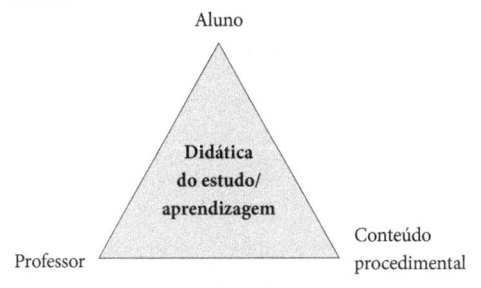

```
              Aluno
               /\
              /  \
             /    \
            / Didática \
           / do estudo/ \
          / aprendizagem \
         /_____\
       Professor      Conteúdo
                     procedimental
```

A atividade fundamental da didática não é apenas a direção do processo de ensino por parte do professor, mas também a direção do processo de aprendizagem que cabe ao estudante.

> **Estudar também deve ser ensinado** e, *portanto, também considerado* **conteúdo do ensino** *proporcionado pelo professor ao* **ensinar a estudar** *para que o aluno* **aprenda a aprender** *os conteúdos que tenha que estudar nas diversas áreas ou matérias da atividade escolar ou acadêmica.*

3.4.3 Formato do ato didático

O caráter dinâmico e dialogador do ato didático não tem de dar lugar à improvisação nem à imprevisão, ao contrário. Não podemos esquecer que outra característica é a intencionalidade educacional e, portanto, requer pensar, preparar e programar para saber *que* objetivos específicos propor, *como* atingi-los, *quando, com que* meios ou de que maneira etc., enfim, o **formato do ato didático**. Em outras palavras, *o professor tem de preparar a lição ou a aula de amanhã!* E por que o professor não torna os alunos participantes da preparação da *aula de amanhã* ou da preparação de um *tema específico*? Isso permitiria ajustar melhor os conteúdos às características pedagógicas dos alunos, facilitaria a intercomunicação, apontaria quais técnicas e instrumentos ou procedimentos seriam os mais adequados etc. (Figura 2.4).

Figura 2.4 – A concepção do formato didático

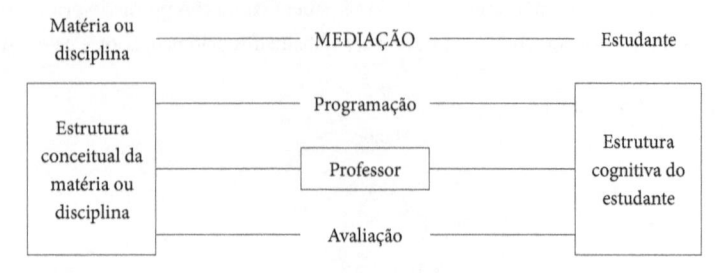

```
  Matéria ou
  disciplina  ─────────── MEDIAÇÃO ─────────── Estudante

                           Programação
  ┌──────────┐          ┌────────────┐          ┌──────────┐
  │ Estrutura│          │            │          │ Estrutura│
  │conceitual│──────────│ Professor  │──────────│cognitiva │
  │da matéria│          │            │          │   do     │
  │   ou     │          └────────────┘          │ estudante│
  │disciplina│                                  │          │
  └──────────┘           Avaliação              └──────────┘
```

Fonte: Adaptado de Novak (1985): *Acto didáctico y aprendizaje mediado.*

A concepção do formato didático é um esquema operativo que tenta organizar ações docentes e discentes que deem sentido e eficácia à realização das tarefas escolares. A concepção do formato permite-nos projetar com fundamento e segurança uma ação didática organizada e intencional.

> A concepção do formato didático é, enfim, previsão, organização, estruturação e adequação do **ato didático** que deve acompanhar e propiciar o melhor desenvolvimento do processo de ensino-aprendizagem e, em especial, o ensino e a aplicação dos conteúdos procedimentais correspondentes a cada caso específico. Uma concepção prévia do formato do ato didático reforça e potencializa a ação dos professores e, ao mesmo tempo, ajuda a procurar, paralelamente, a garantia de eficiência na aprendizagem do aluno e da qualidade do ensino do docente.

O ensino e a aplicação dos conteúdos procedimentais, como os demais conteúdos curriculares, também requerem a concepção prévia de um formato que *sistematize, organize* e *programe* o funcionamento dos diversos elementos inter-relacionados, como acontece com a elaboração de todo formato curricular de ensino-aprendizagem. Essa responsabilidade docente levará, necessariamente, a tomar decisões, em equipe ou individualmente, que deverão ser explicitadas no Projeto Curricular de Etapa, elaborado pela equipe docente, e, principalmente, no Projeto Curricular de Sala de Aula, feito pelo professor de alguma matéria. Nesses documentos, mas principalmente na prática da sala de aula, por ser o *espaço natural* do ato didático, o professorado deve dar respostas a perguntas como as seguintes, para depois agir em consequência:

1. Conseguimos integrar a concepção do formato curricular dos conteúdos procedimentais em uma concepção de conjunto e ajustada aos conteúdos conceituais e atitudinais?
2. Conheço o domínio de meus alunos, os *conhecimentos prévios* referentes aos conteúdos procedimentais que vão ter que empregar na aprendizagem dos conteúdos de minha matéria?
3. Que procedimentos os alunos devem aplicar para estudar e aprender esta lição, realizar esta prática ou resolver este problema específico?
4. O que estou fazendo, ou o que estamos fazendo como equipe docente, para ensinar e exigir dos alunos a aplicação dos diversos conteúdos procedimentais?
5. O que estou fazendo para fazer avançar e potencializar o que meus alunos vão alcançando com o uso das técnicas de estudo ou estratégias de aprendizagem? Ou, ao contrário, o que devo fazer para superar e suprir as carências que observo nos alunos no momento que têm de realizar o estudo ou as tarefas escolares?
6. Com que critérios pretendo avaliar a aplicação dos diversos conteúdos procedimentais com que meus alunos realizaram o estudo da matéria e que peso vai ter na nota, junto com os outros conteúdos curriculares?

O desenvolvimento do homem é concebido dentro de um contínuo processo de aprendizagem, no qual se deve levar em conta que uma grande proporção é realizada de forma espontânea pela própria experiência de vida e do entorno. É justamente a escola que persegue a aprendizagem intencional ao tentar desenvolver atitudes, hábitos, habilidades e conhecimentos que, raciocinados e aceitos pelo estudante, provoquem uma contínua mudança de comportamento em termos de melhorar as habilidades e as estratégias que facilitem uma aprendizagem mais eficiente e satisfatória. A tarefa do professor é ajudar o estudante a acompanhar o ensino e depois realizar, nas melhores condições possíveis, as aprendizagens escolares que lhe são propostas. Isso só será possível se previamente lhe ensinar como estudar e com que procedimentos abordar estrategicamente a aprendizagem dos conteúdos que desenvolve no dia a dia da sala de aula.

> *Quando, ainda nos dias de hoje, uma entidade mercantil anuncia **cursos de técnicas de estudo para estudantes** (e é muito mais chamativo ainda se quem os organiza é a direção da instituição de ensino!), como devemos interpretar isso?*
>
> > *Como uma **negligência** ou **despreocupação** dos professores quanto aos conteúdos procedimentais? Não têm importância para eles, só se preocupam com os conteúdos conceituais!*
> > *Como um **desconhecimento** desses conteúdos? Não os conhecem e/ou não os sabem ensinar!*
> > *Como um **abandono** do aluno a sua sorte? Com o tempo vai aprender!*
>
> *Em qualquer um dos casos, escancara uma **carência didática** do professorado, uma **falta de qualidade profissional** que necessariamente se traduz nas carências de aprendizagem dos alunos e no exercício de um ensino de baixa qualidade.*

Mas faz pleno sentido que se organizem cursos ou seminários para professores sobre técnicas de estudo, estratégias de aprendizagem ou de *conteúdos procedimentais*, assim como se organizam sobre a *didática específica* de outros aspectos curriculares: cursos sobre diversos aspectos de língua, matemática, redação, geografia etc. Esses cursos se enquadram na capacitação ou no aperfeiçoamento do professorado, dentro do âmbito da formação contínua de que toda profissão necessita, com o objetivo de que, posteriormente, seja aplicada nas atuações em sala de aula.

> *O trabalho diário em sala de aula com as diversas matérias é a forma e o âmbito, **espaço natural** adequado e eficaz para que o professor ensine e exija dos alunos a aplicação dos diversos **conteúdos procedimentais** e, por sua vez, os alunos se vejam impelidos a pô-los em prática, a cada dia, em todas as atividades de estudo e aprendizagem que desenvolverem.*

4. Aplicações: da formação... à prática

4.1 Professor: *Ensine a estudar!*

> *Para atingir os objetivos desta unidade didática, propomos, a título de exemplo, as seguintes atividades para desenvolver aplicações práticas e o convidamos a realizar outras similares.*

1. Faça uma relação dos **problemas** que seus alunos encontram para realizar o **estudo** e contraste suas averiguações com as de outros colegas da equipe docente.
2. Em um caderno pessoal de anotações, registre **dez possíveis atuações** que um professor pode pôr em prática para que os alunos de sua classe possam **estudar com método**. Você também pode debater essa questão com os colegas da equipe docente da etapa ou do nível em que seus alunos se encontram.
3. Em primeiro lugar, anote em uma folha cinco **razões** que, em sua opinião, justifiquem o valor curricular dos conteúdos procedimentais e, em segundo lugar, compare com o que pensam seus colegas.
4. Em uma folha com duas colunas, faça em uma delas uma **relação das atuações** que realizou com os alunos para ensiná-los a estudar ou exercitar determinados conteúdos procedimentais e, na outra coluna, ponha as atuações que ainda restam por fazer.
5. Analise com seus colegas da equipe docente, em uma reunião por área ou por nível, a **formulação dos conteúdos procedimentais** nas concepções de formatos curriculares das diferentes matérias, **o grau de cumprimento** e **como são avaliados**.

4.2 Aluno: *Aprenda a aprender!*

> *Para atingir os objetivos desta unidade didática, propomos, como exemplo, as seguintes atividades para desenvolver aplicações práticas e o convidamos a realizar outras similares, todas elas com o objetivo de que os alunos **aprendam a aprender** por si mesmos. Complemente essas atuações propiciando aos alunos, de uma maneira eficiente, que realizem, de forma **autônoma**, **voluntária** e **habitual**, aplicações similares na prática de estudo.*

1. Escreva a palavra **estudo** na lousa ou no caderno de anotações e depois peça que cada aluno vá expondo o que essa palavra lhe sugere. A seguir, faça uma análise e uma sistematização das contribuições, para relacioná-las à realidade de cada um.
2. Reúna os alunos em grupos para que cada um exponha **que método de estudo tem**, **que avaliação faz** dele e **que relação estabelece** com suas notas. Posteriormente, estabeleça um debate para sintetizar as contribuições que considerarem mais adequadas e benéficas, com vistas a potencializar em cada aluno o **estudar com método**.
3. Exija dos alunos, **de forma palpável, observável e avaliável**, pelo menos **três procedimentos** que tenham posto em prática, por iniciativa própria, para estudar um tema ou uma lição e outros **três procedimentos** que o professor lhes tenha ensinado expressamente para o estudo desse tema ou lição.
4. Convide os alunos a analisarem, com detalhes, **o que fazem** na hora de estudar: que habilidades empregam, que passos seguem, que tempo aplicam etc., para que eles mesmos observem **os hábitos de estudo que têm** e que hábitos ainda precisariam adquirir para ter maior autonomia pessoal.
5. Quando os estudantes já tiverem algum **domínio no uso** de determinadas técnicas, você pode propor que apliquem alguma técnica específica (um mapa conceitual, um quadro sinóptico, um comentário de texto etc.) a conteúdos de matérias diversas, em situações diversas ou em atividades extraescolares, com o objetivo de que percebam por si mesmos seu avanço em **aprender a aprender**.

5. Bibliografia

Alonso Tapia, J. (1987). *¿Enseñar a pensar? Perspectivas para la educación compensatoria.* Madri, Cide.

Álvarez, M.; Fernández R.; Rodríguez, S. e Bisquerra, R. (1988). *Métodos de estudio.* Barcelona, Martínez Roca.

Amorós, C. e Llorens, M. (1986). "Los procedimientos". *Cuadernos de Pedagogía*, 139, 36-41.

Bauman, J. F. (1990). *La comprensión lectora (Cómo trabajar la idea principal en el aula).* Madri, Visor-Aprendizaje.

Blanco Prieto, F. (1994). *La evaluación en la Educación Secundaria.* Salamanca, Amaru.

Bower, J. B. (1972). "Mental imaginery and associative learning", em Gregg, L. W. (Ed.): *Cognition in learning and memory.* Nova York, John Willey and Sons.

BRUNER, J. (1978). *El proceso del pensamiento en el aprendizaje.* Madri, Narcea.
CASTILLO ARREDONDO, S. (1982). *Agenda escolar del alumno.* Madri, Promoción Educativa.
_____. (1996). "Presentación", en Pérez Avellaneda, M. (Coord.): *Evaluación de contenidos de procedimiento.* Madri, Cepe.
COLL, C. e outros (1992). *Los contenidos en la reforma. Enseñanza y aprendizaje de conceptos. procedimientos y actitudes.* Madri, Santillana.
DANSEREAU, D. F. (1985). "Learning strategy research", en Segal, J.; Chipman, S. e Glaser, R. (Ed.): *Thinking and learning skills.* Vol. 1: *Relating instrution to research.* Hillsdale, Erlbaum.
HERNÁNDEZ, P. e GARCÍA, L. A. (1991). *Psicología y enseñanza del estudio.* Madri, Pirámide.
HERNÁNDEZ PINA, F.; SERRANO PASTOR, F. J. e OREÑA CASTILLO, N. (1993). *Aprendiendo a aprender. Guía didáctica para profesores.* Murcia, Grupo Distribuidor Editorial.
MATTOS, L. A. (1961). *Compendio de Didáctica.* Buenos Aires, Kapelusz.
MEC (1989). *Diseño Curricular Básico. Educación Secundaria Obligatoria.* Madri, MEC.
MINISTÉRIO DA EDUCAÇÃO E CIÊNCIA (1989). *Diseño curricular Base.* Madri.
MONEREO, C. (1990). "Las estrategias de aprendizaje: enseñar a pensar y sobre el pensar". *Infancia y Aprendizaje.* 50, 3-25.
_____. (1992). *Aprendo a pensar. Manual del profesor.* Madri, Pascal.
MONEREO, C. e CASTELLÓ, M. (1997). *Las estrategias de aprendizaje. Cómo incorporarlas a la práctica educativa.* Barcelona, Edebé.
MONEREO, C. (Coord.) (2000). *Estrategias de enseñanza y aprendizaje. Formación del profesorado y aplicación en la escuela.* Barcelona, Graó.
NICKERSON, R. S.; PERKINS, D. N. e SMITH, E. E. (1987). *Enseñar a pensar. Aspectos de la aptitud intelectual.* Barcelona, Paidós/MEC.
NISBET, J. e SCHUCKSMITH, J. (1987). *Estrategias de aprendizaje.* Madri, Santillana.
NOGUEROL, A. (1994): *Técnicas de aprendizaje y estudio: aprender en la escuela.* Barcelona, Graó.
NOVAK, J. D. (1985). *Teoría y práctica de la educación.* Madri, Alianza Universidad.
ORTEGA y GASSET, J. (1933). "Sobre el estudiar y el estudiante", en *Misión de la Universidad.* Madri, Alianza, 1968.
PALLARÉS MOLINS, E. (1987). *Didáctica del estudio y de las técnicas de trabajo intelectual.* Bilbao, Mensajero.
PÉREZ AVELLANEDA, M. (1989). *Enseñar a estudiar.* Madri, Escuela Española.

PÉREZ AVELLANEDA, M. (Coord.) (1996): *Evaluación de contenidos de procedimiento,* Madri, Cepe.
ROBINSON, F. P. (1941). *Effective Study.* Nueva York, Harper and Row.
SELMES, I. (1988): *La mejora de las habilidades para el estudio.* Barcelona, Paidós/MEC.
SHORES, F. e GRACE, C. (2003). *El porfolio paso a paso.* Barcelona, Graó.
TITONE, R. (1966). *Metodología didáctica.* Madri, Rialp.
TREPAT I CARBONELL, C. (1992). "Los procedimientos: un largo camino a construir", en *La Reforma en Marcha,* coleccionable de *El Magisterio Español,* Madri.
VALLS, E. (1993). *Los procedimientos: aprendizaje, enseñanza y evaluació*n. Barcelona, ICE, Universitat: Horsori.
ZABALA, A. (1995). *La práctica educativa, cómo enseñar.* Barcelona, Graó.

unidade didática
três

a atividade do estudo:
diagnóstico e planejamento

1. Introdução

Nesta unidade didática sobre a **atividade do estudo, seu diagnóstico e seu planejamento**, propomos, em *primeiro lugar*, conhecer as *condições de partida* como **conhecimento prévio** que oriente e justifique ações posteriores para melhorar a situação inicial em que os alunos possam se encontrar com relação às técnicas de estudo. Nisso reside a importância de o estudante e os professores que o ajudam **diagnosticarem** e conhecerem a **situação pessoal** em que o aluno está quando realiza a tarefa de estudar. Esse diagnóstico deve partir, segundo a maturidade e a consciência daquele que estuda, de suas capacidades, meio e motivações, de maneira sistemática, orientada e sincera, propiciando, dentro do possível, a **autoavaliação** do próprio aluno e a correspondente orientação formativa.

Em *segundo lugar,* há que se levar em conta que o estudo é o "**esforço** do entendimento para conhecer alguma coisa; em especial, o trabalho empregado em aprender e cultivar uma ciência ou arte" *(Dicionário da Real Academia Espanhola)* e, para isso, é necessário ter **condições físicas** e **pessoais** suficientes, **método adequado** e **vontade firme** de atingir os objetivos.

A ação de estudar requer que seja realizada com **intencionalidade** e **consciência** para alcançar um sentido plenamente humano. Durante essa atividade, o estudante precisa conhecer as **técnicas ou artes** de seu **trabalho intelectual** até transformá-las em um hábito que permita o melhor desempenho e segurança para o sucesso desejado. Só então poderá realizar um **estudo eficaz**. Não podemos esquecer que o *estudo é eficaz só quando com ele se chega à aprendizagem.*

As **condições** e as **circunstâncias** em que o estudo/trabalho é realizado e sua relação com o entorno em que é levado a cabo são **condicionantes que determinam a eficácia do estudo** e referem-se tanto aos elementos físicos quanto aos intelectuais, psicológicos e afetivos. Podemos falar de uma *ergonomia* do estudo.

Em terceiro lugar, uma vez conhecidos os condicionantes do estudo, e quando os estudantes e os professores conhecem a situação inicial de sua prática, é imprescindível realizar o **planejamento da atividade do estudo** e ajudar cada estudante a organizar seu programa de **trabalho/estudo pessoal**. Esse planejamento vai permitir ao aluno *aproveitar melhor o tempo, otimizar o emprego dos recursos e agir de uma maneira pessoal, flexível e realista.* Por isso, neste tópico, oferecemos modelos para o planejamento do estudo em longo, médio e curto prazo, chegando à conclusão de que convém que o estudo eficaz seja diário e acompanhado de uma **agenda escolar** pessoal.

2. Objetivos

Com esta **unidade didática** pretende-se atingir os seguintes **objetivos**:
a. Para o **professor**:
   1. Aprofundar a *necessidade do diagnóstico e da avaliação* dos conteúdos procedimentais;
   2. Identificar os fatores, as exigências e os requisitos que caracterizam o *estudo eficaz*;
   3. Analisar as *características* e as *condições do planejamento* do estudo dos alunos;
   4. Compreender a especificidade dos diversos *prazos no planejamento* da atividade do trabalho/estudo pessoal dos alunos;
   5. Apreciar o *valor pedagógico e didático* do uso habitual da *agenda escolar* por todos os protagonistas da comunidade educacional, em especial os alunos.

b. Para o **aluno**:
   1. Compreender que o benefício de realizar sua própria *autoavaliação* traz melhoria para sua atividade de estudo;
   2. Reconhecer os *elementos físicos e psíquicos* que incidem na tarefa de estudar;
   3. Identificar *condicionantes e fatores* que determinam o *estudo eficaz*;
   4. Avaliar as vantagens que aprender a *utilizar o planejamento do estudo* pode oferecer;
   5. Apreciar a utilidade da *agenda escolar* para desenvolver os diversos compromissos de sua atividade escolar com plena responsabilidade.

3. Conteúdos

3.1 Conhecimento prévio: a avaliação do estudo

3.1.1 Sentido e justificação da avaliação
   dos conteúdos procedimentais

É habitual que um professor inicie cada ano com um novo grupo de alunos, dos quais desconhece, entre outros aspectos, com *que hábitos* e com *que técnicas* de estudo vêm, que *conteúdos procedimentais* aprenderam no ano anterior ou quais são suas *atitudes perante* as tarefas de estudo e trabalho escolar ou acadêmico. Também é muito possível que os próprios alunos desconheçam qual é seu *comportamento* diante do estudo: se têm uma verdadeira *programação pessoal*, se têm um adequado domínio da *compreensão de leitura* ou se sabem como se deve fazer corretamente um *mapa conceitual* etc. Parece evidente, portanto, que uma das primeiras atuações do professor é saber que conhecimentos prévios, quanto aos *conteúdos procedimentais*, têm os alunos com quem vai trabalhar no novo ano.

> É necessário realizar uma **avaliação inicial de diagnóstico** com uma dupla intencionalidade: por um lado, para que isso permita ao professor, com a **heteroavaliação**, conhecer a situação de seus alunos com relação aos aspectos fundamentais da prática do estudo; por outro, para que sirva ao estudante como **autoavaliação** da própria preparação no que se refere a recursos, técnicas, hábitos e demais elementos que determinam sua capacidade para realizar o estudo das matérias do novo ano.

Qualquer atividade humana deve ser acompanhada da correspondente tarefa de avaliação. Isso se faz habitualmente com a aprendizagem escolar das matérias de ensino e não deve ser menos quando se trata de avaliar as técnicas de estudo e a aplicação dos conteúdos procedimentais. Essa é a razão pela qual muitas publicações que tratam do tema das técnicas de estudo incluem em suas páginas instrumentos de avaliação, mais ou menos desenvolvidos, mesmo que sejam obras de divulgação, dirigidas normalmente aos alunos, nas quais se propõe a autoavaliação, ou aos professores, mediante uma avaliação externa.

Os alunos, em muitas ocasiões, esforçam-se quando seu trabalho vai ser avaliado pelo professor. Portanto, quando não existe avaliação das produções em relação às *técnicas de estudo* ou aos *conteúdos procedimentais*, é lógico que não se sentem tão *motivados* a abordar essa aprendizagem. As propostas da reforma educacional, proclamadas na LOGSE, justificam essa ideia quando prescrevem os **conteúdos procedimentais** como objetivos tanto de ensino quanto de aprendizagem, dentro dos quais ficam enquadrados os procedimentos genéricos que se encerram na expressão **técnicas de estudo**. Os procedimentos e as técnicas de estudo devem ser ensinados e avaliados com a repercussão que se julgar adequada na classificação final do curso ou da área, mas, principalmente, na *avaliação formativa* durante o processo prévio, sendo os procedimentos mais adequados para essa avaliação formativa a **observação** e o **acompanhamento** sistemático do trabalho diário dos alunos.

3.1.2 Instrumentos de avaliação de técnicas de estudo e de conteúdos procedimentais

Sem a intenção de que seja profunda, oferecemos a análise de um bom número de **questionários** e **inventários** sobre técnicas de estudo, incluídos em publicações relativas ao tema, seguindo um trabalho realizado por Pérez Avellaneda (1995). Na maior parte dos casos, nem sequer se cogita a utilização diagnóstica, em sentido estrito, dos questionários, mas são propostos, simplesmente, como ponto de partida para uma espécie de autoavaliação orientadora sobre a própria situação, ou como base de uma análise sobre a qual assentar uma proposta de melhoria ou trabalho sistemático das técnicas, em um plano individual ou grupal. De qualquer maneira, esses instrumentos, **questionários** ou **inventários**, em sua maioria, não podem ser classificados nem catalogados como *provas tipificadas* ou como *testes padronizados*.

I. Relação de questionários e inventários

	Título	Ano	Autor	Número de itens	Estrutura	Âmbito de aplicação*
1	Questionário sobre Hábitos de Trabalho	1972	IEPS	22	Não consta	EGB Médias
2	Como você estuda?	1976	Rowntree	20	Não consta	Não consta
3	Princípios de Estudo e Aprendizagem	1980	Froe	30	Não consta	Não consta
4	Pesquisa de Opinião sobre Hábitos e Técnicas de Estudo	1981	Ubieto Arteta	50	› Atitude mental › Estado físico › Plano de trabalho › Postura › Mesa de trabalho › Iluminação › Cadeira de estudo › Local de trabalho › Anotações › Leitura	Único
5	Hábitos de Estudo	1981	Chico	40	› Hábitos de ordem › Hábitos de estudo › Hábitos de colaboração › Hábitos de previsão › Hábitos de reflexão	Não consta

(continua)

*No caso de instrumentos não reeditados, mantemos a referência no âmbito para o qual foram elaborados inicialmente. O professor poderá fazer a correspondente adaptação ao sistema educacional atual.

(continuação)

6	Teste de Hábitos de Trabalho e Estudo (THTE)	1981	Fernández Pozar	75 3 provas	› Sinceridade › Conceito › Motivação › Fatores físicos › Trabalhos em equipe › Avaliação › Materiais › Destaque › Resumo › Anotações	EGB Ciclo Superior
7	Diagnóstico de Minhas Atitudes perante o Estudo: Execução do Estudo	1982	Castillo Arredondo	50	› Estudo em casa › A aula › As anotações › As provas	Educação Primária Educação Secundária
8	Questionário para a Avaliação do Estudo	1983	Ibáñez	60	Não consta	Não consta
9	Questionário sobre Hábitos de Estudo	1984	Muñoz	24	Não consta	EGB
10	Você sabe estudar?	1985	Illueca	50	› Lugar › Tempo › Atenção › Anotações › Estudo › Esquemas › Exercícios	Médias
11	Questionário sobre Técnicas de Estudo	1986	Pérez Avellaneda e outros	44	› Antes do estudo › Durante o estudo › Depois do estudo	EGB Ciclo Superior
12	Questionário de Hábitos e Técnicas de Estudo (CHTE)	1987	Álvarez e outros	51	› Atitude geral › Local de estudo › Estado físico › Plano de trabalho › Como estudar › Anotações › Provas e exercícios	EGB

(continuação)

13	Questionário de Hábitos de Estudo	1987	Cuenca	50	Não consta	Não consta
14	Inventário de Estudo na Escola (IEE)	1988	Selmes	57	› Enfoque profundo › Enfoque superficial › Organização › Motivação › Trabalho duro	16+
15	Como estudo	1989	Pérez Avellaneda	40	› Local/tempo/matéria › Leitura e trabalhos monográficos › Processo de estudo › Anotações, aulas, provas etc.	EGB
16	Questionário dos Hábitos de Estudo (CHE)	1989	Tourón	108	› Condições ambientais › Utilização de recursos › Motivos › Vontade › Autonomia › Compreensão oral e escrita › Expressão oral e escrita › Atuação na classe › Atividades complementares	Universidade
17	Questionário de Hábitos e Métodos de Estudo (CHEM)	1993	Hernández Pina	61	› Planejamento do estudo › Local de estudo › Método de estudo › Leitura › Memória e atenção › A aula › Técnicas auxiliares › Revisão e provas	ESO Bacharelado

(conclusão)

18	Diagnóstico Integral do Estudo DIE 1 DIE 2 DIE 3	1998	Pérez Avellaneda	60 80 96	› Atitude › Autoconceito › Aptidão › Resultado primário	Educação Primária ESO Bacharelado Universidade
19	Questionário de Hábitos de Técnicas de Estudo	2000	Salas Parrilla	100	› Fatores ambientais › Fatores internos › Técnicas de estudo › Técnicas ativas › Anotações › Memória › Provas › Horários › Higiene mental	ESO Bacharelado Universidade
20	Diagnóstico da Execução do Estudo (DEE)	2004	Castillo Arredondo	30	› Local de estudo › Planejamento do estudo › Método de estudo › Apoio ao estudo › Preparação da avaliação	Educação Primária Educação Secundária Bacharelado

II. Análise de questionários e inventários

As observações principais que podem ser feitas sobre alguns desses questionários e inventários centram-se basicamente nos seguintes aspectos:

a. Alguns partem de um conceito parcial do fato do estudo. Como se pode observar, cada um tem um **enfoque diferente do estudo,** que fica evidente pelo número limitado de *aspectos, campos* e *fatores* que atendem. Nesse sentido, e como já apontava Fernández Pozar e outros (1981), os resultados obtidos de sua aplicação deveriam se referir apenas aos aspectos, campos e fatores que analisam e não ao estudo em geral. Poderia acontecer aqui como com os *testes de inteligência*: não se pode dizer que um estudante possui maus hábitos de estudo baseando-se apenas em poucos aspectos da conduta de estudo analisados.

b. A maior parte dos questionários não diferencia claramente entre as **atitudes** para com o estudo em geral e **o que acham** os estudantes sobre si mesmos. Inclusive, quando, entre as escalas, aparecem os termos de atitudes etc., os tipos de questões que avaliam a atitude e os hábitos não apresentam diferenças relevantes.

c. Não costumam incluir exercícios práticos, mas **questionários** ou **inventários** sobre o estudo. Existem certos campos do estudo que apenas poderiam ser analisados validamente mediante a realização de **exercícios** ou **execuções** que detectem esse campo ou fator. A ausência dessas questões práticas deve-se à dificuldade que representa a realização desse tipo de prova: a necessidade de mais tempo, tanto para a aplicação quanto para a correção, entre outras dificuldades.

d. Quanto ao grau de utilização dos questionários relacionados anteriormente, um dos mais utilizados é o **IHE**, inclusive em relação a outros surgidos posteriormente, como **CETI, ITECA** e **CHTE**. O **EMT**, mesmo partindo de uma boa proposta, já ficou um tanto defasado, pelo fato da separação entre homens e mulheres, além de se tratar de uma tradução quase literal do original francês de Cantineaux. Outros questionários são o **RGG** de CEIS e o **ALFA** de COSPA, que permitem explorações coletivas e mecanizadas às instituições de ensino ou gabinetes de orientação.

Se analisarmos os questionários do ponto de vista do âmbito da aplicação, podemos observar como apenas três (EMT, ALFA e CETI) apresentam duas formas diferenciadas de aplicação segundo as diferentes idades.

III. Idades de aplicação de alguns questionários ou inventários

Prova	Formas	Idade/anos										
		9	10	11	12	13	14	15	16	17	18	19
IHE	Única				*	*	*	*	*	*	*	*
EMT	I				*	*	*	*				
	II								*	*	*	*
ACH 73	Única					*	*	*	*	*	*	*
ALFA	I	*	*	*	*	*						
	II					*	*	*	*			
RGG 74	Única					*	*	*				
ITECA	Única					*	*	*	*	*	*	*
CETI	Médio		*	*	*	*	*	*				
	Superior							*	*	*	*	*
CHTE	Única			*	*	*	*	*	*	*	*	*
DIE	DIE 1	*	*	*								
	DIE 2				*	*	*	*				
	DIE 3								*	*	*	*
DEE	Única	*	*	*	*	*	*	*	*	*		

3.1.3 Avaliação diagnóstica e formativa da prática do estudo

Apresentamos um **questionário** (Quadro 3.1) que permite ao aluno, sempre com a ajuda do professor, **diagnosticar** suas *atitudes perante* o estudo, seus *hábitos* e *costumes* ao estudar:

› Permite aos alunos a realização de uma **autoavaliação** sobre as técnicas de estudo que possuem.
› Pode realizar **três aplicações** durante o ano: **início** em outubro, **monitoramento** em fevereiro e **avaliação final** em junho, o que lhe permite fazer um acompanhamento formativo de melhoria em relação à situação inicial.
› Tem a clara **intencionalidade educacional** de **responsabilizar o aluno** por seu próprio estudo.
› Serve aos professores para que possam prestar, *com fundamento*, a **ajuda psicopedagógica** de que os alunos necessitam, em função dos dados que o questionário fornece.
› A forma de **apresentação** é *simples* e a **aplicação** leva pouco *tempo*.
› O *sistema de resposta* aos diversos itens é sempre o mesmo: *Sim*, *Não* e (?) em caso de dúvida.

Quadro 3.1 – *Ficha técnica do questionário Diagnóstico da Execução do Estudo* (DEE)

Autor	Castillo Arredondo (1982)
Conteúdo	30 itens
Âmbito de aplicação	Educação Primária/ESO/Bacharelado
Estrutura	1. Local de estudo (6 itens)
	2. Planejamento do estudo (6 itens)
	3. Método de estudo (6 itens)
	4. Apoio ao estudo (6 itens)
	5. Preparação da avaliação (6 itens)
Observações	› Permite a autoavaliação.
	› Inclui acompanhamento formativo.
	› Inclui gráfico/perfil de resultados.

1. **Local de estudo**
    1. Tem um *lugar fixo* para estudar?
    2. Estuda em um *aposento afastado de barulhos*, como TV, rádio, telefone etc.?
    3. Sua *mesa de estudo* está organizada, sem objetos que o possam distrair?
    4. Tem *luz suficiente* para estudar sem forçar a vista?
    5. Quando senta para estudar, *tem à mão tudo* de que vai precisar?
    6. Quando pode, utiliza também outros *livros de consulta*, a *biblioteca* ou a *internet*

para estudar?

	Outubro			Fevereiro			Junho		
	Sim	Não	?	Sim	Não	?	Sim	Não	?

2. **Planejamento do estudo**
   1. Tem um *horário definido* para o descanso, o estudo, o tempo livre, os amigos, a família etc.?
   2. *Programou o tempo* que dedica ao estudo diariamente?
   3. Organiza seu tempo de estudo com *todas as matérias* que deve estudar e os *trabalhos* que tem que realizar?
   4. Estuda, no mínimo, *cinco dias* por semana?
   5. Em seu tempo de estudo inclui *períodos de descanso*?
   6. Reserva algum período do tempo dedicado ao estudo para o *repasse* de temas já estudados?

	Outubro			Fevereiro			Junho		
	Sim	Não	?	Sim	Não	?	Sim	Não	?

3. **Método de estudo**
   1. *Lê previamente* a lição antes de estudá-la atentamente?
   2. *Destaca* as ideias e os dados importantes?
   3. Utiliza o *dicionário* para conhecer o significado ou a ortografia de alguma palavra?
   4. *Estuda de forma ativa*, formulando perguntas, às quais tenta responder para

verificar se sabe expressar o aprendido?
5. *Mantém em dia* as matérias, os trabalhos etc.?
6. Realiza *esquemas, resumos* ou *mapas conceituais* de cada tema ou lição?

Outubro			Fevereiro			Junho		
Sim	Não	?	Sim	Não	?	Sim	Não	?

4. **Apoio ao estudo**
   1. Conhece as *orientações* fornecidas pela programação didática de cada uma das matérias?
   2. Vai à *monitoria* sempre que precisa para melhorar sua execução do estudo?
   3. *Consulta o professor* sobre as dificuldades que encontra na matéria?
   4. *Solicita a ajuda e a assessoria do professor* para a organização e o desenvolvimento de seus estudos, a realização dos trabalhos, o esclarecimento de dúvidas etc.?
   5. *Amplia,* com outros livros ou com o computador, os *conteúdos da matéria,* completando ou esclarecendo os temas ou as lições?
   6. *Anota* em classe as explicações do professor e as utiliza para estudar?

Outubro			Fevereiro			Junho		
Sim	Não	?	Sim	Não	?	Sim	Não	?

5. **Preparação da avaliação**
   1. Acha que se prepara melhor para a *avaliação* com o estudo do dia a dia que com os esforços de última hora, às vésperas das provas?
   2. Realiza os trabalhos propostos e outras atividades recomendadas no *tempo*

fixado?
3. Utiliza os *esquemas* de cada tema ou lição para realizar os *repasses?*
4. Informa-se, com tempo, acerca dos *critérios* e das *orientações* sobre a *avaliação* de cada matéria?
5. *Exercita* respostas hipotéticas a *perguntas de provas* de diversos tipos: de prova objetiva, de resposta breve, de desenvolvimento de um tema etc.?
6. Informa-se, com tempo, acerca das *circunstâncias* e do *desenvolvimento das provas* e dos controles?

Outubro			Fevereiro			Junho		
Sim	Não	?	Sim	Não	?	Sim	Não	?

Para a **autoavaliação** (ver Quadro 3.2):
› **Valorar** com um ponto cada *Sim* que for marcado.
› **Anotar** os pontos nos quadros da margem, em cada tópico.
› **Registrar** a pontuação de cada quadro com um X na planilha e traçar uma linha unindo todas as pontuações.

Quadro 3.2 – *Autoavaliação*

Aspecto / Pontuação		Lugar	Planejamento	Método	Apoio ao estudo	Avaliação
Bem	6					
	5					
Regular	4					
	3					
Mal	2					
	1					

| Ensine a estudar... aprenda a aprender

No perfil descrito pela linha, o estudante pode apreciar a *autoavaliação* referente à sua forma de estudar. Deve prestar atenção aos níveis baixos e fazer um esforço para melhorá-los, a fim de assegurar o sucesso em seus estudos.

> *O professor pode elaborar um **questionário** adequado às características e circunstâncias específicas de seu grupo de alunos introduzindo novos itens ou modificando os que foram apresentados no questionário "Diagnóstico da Execução do Estudo" (DEE), cuja estrutura pode ser tomada como modelo.*

3.2 Aspectos a serem levados em conta na execução do estudo

3.2.1 A aspiração do estudo eficaz

Todo estudante que quiser realizar seus estudos com responsabilidade e profissionalismo deve conhecer e dominar as técnicas, exigências ou requisitos próprios do estudo, para obter resultados gratificantes de seu esforço e dedicação. A técnica é a perícia ou a habilidade no uso de procedimentos que ajudam a dominar qualquer atividade humana. A técnica é composta de regras práticas e é aprendida com exercício. As *técnicas de trabalho intelectual* proporcionam o modo prático para trabalhar intelectualmente, principalmente mediante o *estudo*. As técnicas, junto com os hábitos de trabalho intelectual, dotam o estudante dos recursos necessários para proceder e realizar o estudo com segurança, domínio e maior garantia de sucesso. Por tudo isso, temos que ajudar o aluno a desenvolver as atividades do estudo de forma inteligente e decidida, para que realize a natural aspiração de saber fazer um **estudo eficaz**.

Já dissemos na Unidade Didática 2 que o **estudo** é "uma atividade pessoal, consciente e voluntária, na qual o aluno compromete suas aptidões psicofísicas e intelectuais e põe em funcionamento diversos procedimentos (habilidades, técnicas e estratégias), a fim de **analisar, conhecer, compreender** e **assimilar** os conteúdos (cognitivos, procedimentais e atitudinais) que contribuem para sua formação humana e intelectual" (Castillo Arredondo, 1982).

Nesse sentido, consideramos o estudo em uma dupla vertente:
› por um lado, como **compreensão e assimilação** da realidade que nos cerca, resultante das contribuições de nossa civilização no decorrer da história e da evolução científica;
› por outro lado, como **aperfeiçoamento** da própria realidade do estudante como pessoa, ao poder chegar à formação que lhe permita alcançar na vida as metas a que se propuser, conforme sua capacidade.

> *O estudo eficaz não deve limitar-se à assimilação dos livros e textos escritos, ou das explicações dos professores nas aulas, mas abarcar também a observação, a pesquisa e a atuação sobre a realidade do entorno do estudante. Também não deve considerar o material impresso como o único meio didático para fornecer conteúdos objetos de estudo. Deve contar, também, com os novos suportes informáticos e telemáticos.*
>
> *O **estudo** eficaz requer um esforço global para aprender e só é verdadeiramente proveitoso quando o estudante consegue aprender.*

3.2.2 Exigências e requisitos prévios do estudo eficaz

O estudo eficaz ou proveitoso requer que se cumpra uma série de requisitos e exigências que são imprescindíveis para realizar uma atividade tão complexa e interdependente como essa. Recordemos as fundamentais:

a. Ter **motivações profundas e pessoais**, que atendam a uma necessidade e a certos interesses. Sem esse requisito, todos os demais elementos carecem de sentido. A primeira coisa é **querer estudar** e saber *por que* e *para que* se estuda.

b. Partir de *condições prévias*, como:
   › **Saber ler** – Significa ter uma adequada velocidade de leitura e um nível aceitável de compreensão daquilo que se lê.
   › Ter **memória** suficiente – Trata-se de *memorizar raciocinando e compreendendo* e ser capaz de **reter** o que aprende para poder **recordá-lo** quando for a hora. O *uso inteligente* da memória é imprescindível, é *aprender com a memória*! A *memorização,* ou *decorar,* prescinde da inteligência, que é outra coisa!
   › Um **ambiente** adequado, tanto material quanto pessoal ou familiar – *poder* **estudar** sem preocupações e com as necessárias capacidades, tanto intelectuais quanto materiais.
   › Uma acertada **organização e planejamento** do tempo e das atividades comprometidas no estudo.

c. Possuir um **método eficaz de estudo**, que significa domínio das técnicas apropriadas para o desenvolvimento do estudo, isto é, *saber como se deve estudar*.

d. Esforçar-se pela **consecução de objetivos**:
   › *Imediatos*: aprender os conteúdos das matérias, adquirir conhecimentos, ir bem nas provas etc.;
   › *Finais*: melhorar pessoalmente, ser aprovado no curso, completar a formação humana etc.

> *De pouco servem as melhores condições favoráveis (psíquicas e materiais), as melhores condições intelectuais (**poder estudar**) e o domínio de hábitos e técnicas de trabalho intelectual adequados (**saber estudar**) se isso não estiver impulsionado por uma vontade decidida do estudante: **querer estudar**. O sucesso no rendimento acadêmico dependerá de como a motivação do estudante entrar no jogo, com uma **atitude positiva**, consciente e voluntária, capacidades e técnicas a serviço do estudo. A **primeira condição para conseguir um estudo eficaz é querer estudar; a vontade de aprender é mais importante que as próprias aptidões do aluno**.*

Em síntese, estudar é um trabalho que requer um esforço intelectual e técnicas determinadas para que seja eficaz; por isso, para que o estudo seja proveitoso, exige lançar mãos de todas as aptidões mentais de inteligência, memória, imaginação etc. Só dessa forma o aluno poderá conseguir com mais facilidade e eficiência:

› conhecimento de dados, fatos e teorias;
› compreensão do que estuda;
› análise, observação e elaboração interiorizada dos conteúdos;
› síntese, integração e evocação de dados, fatos, fenômenos etc.;
› aplicação do conhecido à resolução de novas situações;
› avaliação reflexiva do aprendido, tanto objetiva quanto subjetivamente.

3.2.3 Condicionantes e circunstâncias do estudo eficaz

A realização do estudo implica a pessoa por inteiro, como organismo psicobiológico, com todos os seus sentidos e potencialidades mentais, saúde boa ou ruim e as circunstâncias que cercam o aluno. São aspectos aos quais habitualmente não se presta a atenção adequada, sendo que, em muitos casos, são os determinantes do resultado final do estudo. Por isso, na busca de uma melhor forma de estudar, o professor e o aluno devem se preocupar com questões como:

a. **Local de estudo** – Sempre que possível, devemos estudar no **mesmo lugar**, o mais tranquilo da casa, longe da TV e de barulhos desagradáveis, com poucos estímulos externos para a distração e suficientemente amplo para podermos desenvolver o trabalho. Está provado que, para a maioria das pessoas, um lugar onde se esteja sozinho facilita a concentração, isto é, um lugar dotado de suficiente privacidade, tranquilidade e silêncio, afastado de distrações, interrupções do exterior e barulhos, principalmente se forem intermitentes, porque estes distraem e interferem no rendimento do estudo. De qualquer maneira, há estudantes que estudam melhor com determinada música ambiente de fundo, que neutraliza outros possíveis barulhos.

b. **A mesa** e a **cadeira** – A **mesa** de estudo deve ser consistente, rígida, com superfície não brilhante para evitar os reflexos da luz e suficientemente grande para que possa conter tudo o que for necessário para trabalhar. A **cadeira** deve ser reta, confortável e sua altura deve estar proporcional à da mesa, de maneira que o estudante possa apoiar os antebraços sem forçar a postura. Porém, o conforto excessivo, como estudar deitado em um sofá, por exemplo, para muitos estudantes pode diminuir a atenção e a concentração. Enfim, de acordo com o estilo de aprendizagem, cada um busca a acomodação mais eficaz para o estudo.

c. **A postura** – Deve-se adotar uma **postura correta** em frente à mesa de trabalho: confortável, sem relaxamento excessivo, atenta, não rígida etc. Do ponto de vista físico, a postura normal de um estudante é "estar sentado", de modo que os antebraços descansem naturalmente sobre a mesa, e reto (não inclinado ou curvado), de tal modo que mantenha o peito livre, para que facilite a respiração e não sobrecarregue as vértebras cervicais. É importante levar muito em conta o fato de que uma má postura ao estudar vai se traduzir em transtornos da coluna vertebral, dores cervicais, de cabeça, cansaço nos olhos etc. Nunca se deve estudar com a cabeça para frente e as costas curvadas, visto que, dessa maneira, os músculos e as vértebras cervicais terão que suportar um esforço excessivo. Há que se ter em mente que a prática do estudo exige do aluno, que está ainda em idade de crescimento, muitas horas *sentado*, tanto na classe quanto em casa.

O equilíbrio na posição correta (sentado) é obtido quando a linha de gravidade, perpendicular ao chão, passa pela décima vértebra dorsal. Com isso, evitamos a contração muscular que ocasiona a fadiga. A postura teoricamente correta é a mostrada na Figura 3.1, que representa:

> **cabeça**, levemente inclinada;
> **braço**, ao longo do corpo;
> **antebraço**, ângulo reto com o corpo;
> **tronco**, ângulo reto com a coxa;
> **coxa**, ângulo reto com as pernas;
> **pernas**, ângulo reto com o chão;
> **pés**, totalmente apoiados no chão.

Por sua vez, a Figura 3.2 mostra dois exemplos de posturas incorretas. Sentar-se bem, mantendo costas e cabeça retas, é muito importante para não impor aos músculos e vértebras da nuca um esforço excessivo ou incômodo.

Figura 3.1 – Representação da postura correta

Figura 3.2 – Representações de posturas incorretas

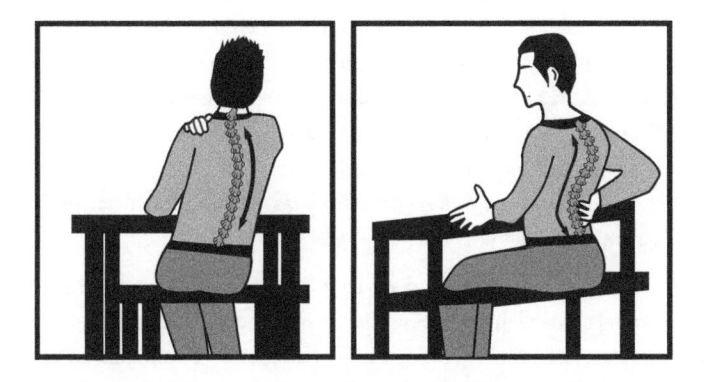

> **"Duas a cada dez crianças** em idade escolar **podem ter problemas** na coluna vertebral se a escola que frequentam tiver um mobiliário desconfortável que as obrigue a se sentar em uma posição ruim. Isso mais a falta de exercícios físicos serão os culpados pela escoliose."
> (Notícia de jornal)

Figura 3.3 – Ajuste entre mesa e cadeira

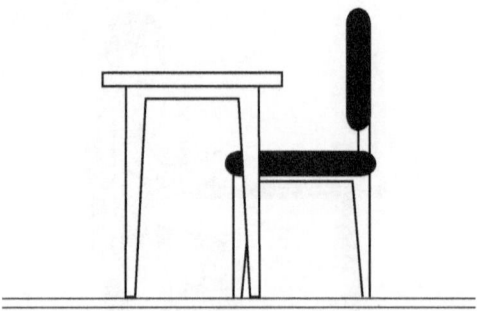

Por outro lado, a carteira deve permitir adotar, sem desconforto, as três posturas mais usuais nas escolas: em pé, sentado em repouso ou trabalhando na mesa. De acordo com isso, as carteiras no colégio e as mesas de estudo em casa precisam reunir as seguintes características:

1. **Assento** – A altura tem que ser igual à da extensão das pernas, medidas do chão até a parte inferior da coxa. A largura ou o fundo do assento terá que se adaptar à extensão das coxas quando se está sentado em ângulo reto.
2. **Mesa** – A altura precisa coincidir com a do estômago e em nenhum caso deverá ser mais baixa. O tampo da mesa deve ser plano ou levemente inclinado para frente. Podemos suprir a inclinação utilizando um atril.
3. **Encosto** – Deve chegar à altura das omoplatas, ser liso e levemente inclinado para trás, a fim de facilitar uma situação de repouso.

A distância entre a mesa e a cadeira deve ser adequada. Recomenda-se que a posição dos elementos seja levemente interferente, isto é, que a borda da mesa e o assento estejam em certa medida e justapostos. Quando a mesa e a cadeira formam uma única peça, isso obriga a adotar a postura de ângulo reto entre o tronco e as coxas, que é benéfica para o organismo do estudante.

 d. **A iluminação** – Outro fator ambiental digno de se levar em conta é a luz. Deve-se ter cuidado para que a luz não atinja diretamente nos olhos, que seja suficientemente abundante e que entre pela esquerda (para os canhotos, pela direita). É preferível que seja luz natural e indireta. Quando a iluminação é deficiente, produz fadiga, mas, quando é excessiva, também não é bom, pois irrita os olhos. À falta de luz natural, deve-se evitar a fluorescente, cuja intermitência, embora seja imperceptível, cansa a vista. Deve-se contar com uma lâmpada azulada ou amarela, de 60 W no mínimo, colocada em uma luminária articulável e orientada para a mesa de maneira que não produza sombras nem atinja os olhos.

e. **A temperatura** – É conveniente que o ambiente não seja frio nem de temperatura elevada. A temperatura ideal deve oscilar em torno aos 20-22º C, porque o frio incomoda e o calor cansa. É preciso ter cuidado com os aquecedores a gás, pois em ambientes fechados consomem muito oxigênio, repercutindo negativamente no rendimento. Uma atmosfera carregada, com pouco oxigênio, diminui o rendimento do cérebro, dá sono e causa dor de cabeça. De vez em quando, aproveitando os descansos, é preciso *ventilar* o aposento onde se trabalha, a fim de renovar o oxigênio.

f. **O material de estudo** – Antes de sentar para estudar, o aluno deve *preparar* todo o **material** de que possa precisar durante o tempo em que for se dedicar ao estudo, a fim de evitar interrupções que perturbem sua concentração. Portanto, deve preparar de antemão tudo de que possa necessitar. Não convém que ocupe a mesa com objetos ou materiais que não for utilizar e que possam distraí-lo. Por exemplo, pode ter à sua disposição:

> **livro** da matéria que vai estudar;
> **dicionário** da língua nativa e dicionários de outros idiomas, conforme o caso;
> **caderno de folhas brancas** para notas;
> **canetas, marcadores, lápis**, borracha;
> **calculadora, régua e esquadro**, quando necessários;
> **fichas**, se utilizar esse sistema;
> **computador**.

Com essas orientações, o estudante está pronto para preparar adequadamente seu local de estudo, a fim de que circunstâncias ambientais inadequadas não perturbem seu rendimento.

---

*Portanto, é **muito importante para ter um estudo eficaz**:*
> *contar com um **local** da casa privado, tranquilo, silencioso e bem ventilado;*
> *dispor de uma **mesa** de tamanho suficiente, uma **cadeira** confortável e proporcional à mesa e à estatura do aluno;*
> *cuidar da orientação e da natureza da **luz**;*
> *manter uma **temperatura** ambiente que não dê sensação de frio nem de calor;*
> *dispor, na mesa, de **todo o material** que for necessário para a sessão de estudo.*

Os resultados do estudo (o rendimento acadêmico do estudante) já não vão depender apenas de suas aptidões intelectuais, mas também de um conjunto de fatores (Figura 3.4) que influem, em maior ou menor grau, segundo as circunstâncias, como aptidões intelectuais, saúde, contexto familiar, hábitos e técnicas de trabalho intelectual etc.

> **O "estudo eficaz" requer, entre outros aspectos:**
>
> › aproveitar ao máximo as próprias **capacidades intelectuais**;
> › utilizar os **recursos** de que disponha, mentais e materiais;
> › procurar a **ajuda necessária** para chegar à aprendizagem;
> › fazer as atividades estudantis de **modo pessoal**;
> › apontar os **objetivos ou metas** propostas com realismo e clareza;
> › descobrir os **procedimentos** mais adequados para realizar as tarefas de estudo;
> › buscar a **melhoria** constante dos procedimentos que são empregados;
> › **compreender e reter** os conteúdos, de forma raciocinada – uso inteligente da memória!
> › **dominar conceitos prévios** e dados básicos para sua ampliação em conhecimentos posteriores;
> › **organizar as ideias** coerentemente, para conseguir uma melhor assimilação e posterior relação e aplicação.

O aluno responsável vê seus horizontes se ampliarem por meio do estudo. Hoje, fala-se de "**aprender a aprender**". Não importa tanto saber muito quanto possuir *hábitos e técnicas de estudo* que permitam, em qualquer momento, adquirir conhecimentos. Mudou o sentido do estudo como algo circunscrito a um período de nossa vida. O ser humano aprende durante toda a sua vida. **Saber estudar** é a ferramenta imprescindível para possibilitar a promoção pessoal e a formação permanente em qualquer idade, desde que se tenha **aprendido a aprender**!

Figura 3.4 – Condicionantes e fatores que determinam o estudo eficaz

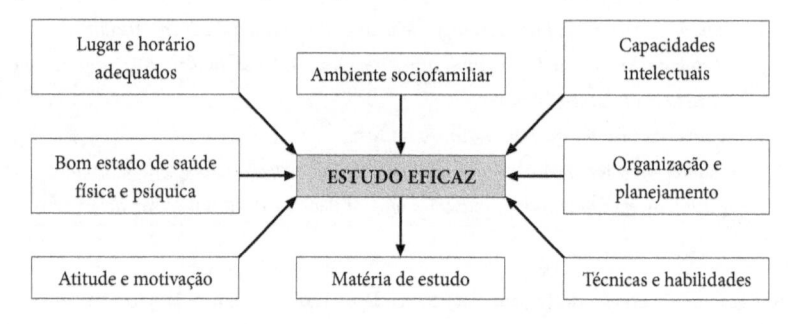

Lugar e horário adequados	Ambiente sociofamiliar	Capacidades intelectuais
Bom estado de saúde física e psíquica	ESTUDO EFICAZ	Organização e planejamento
Atitude e motivação	Matéria de estudo	Técnicas e habilidades

> *Conforme a Figura 3.4, o **aluno** deve **refletir** sobre quais são as **condições** em que realiza seus estudos, quais delas deve mudar para melhorar sua situação e quais fatores deve potencializar para chegar a um estudo **mais eficaz**.*

3.3 Planejamento do trabalho/estudo pessoal

3.3.1 Necessidade de planejamento

O estudo do aluno, como qualquer outra atividade humana, deve contar com bases de pensamento sólidas, que garantam sua eficácia e seu enquadramento em um sistema de vida perfeitamente estruturado. Em outro caso, suas ações realizadas anarquicamente não terão um sentido pleno e humano. Em consequência, o **trabalho/estudo** deve se submeter aos princípios de racionalidade e economia, isto é, *conseguir o máximo rendimento investindo o mínimo esforço*. Para isso, além de se aplicarem modos de atuação adequados, deve-se fazê-lo de maneira racional, organizando e planejando, com antecedência, o que vai ser feito. O estudante tem a necessidade de elaborar um **plano de trabalho/estudo pessoal** que lhe sirva de guia para ordenar e desenvolver hábitos no fazer diário escolar.

O planejamento e a organização são importantes, não só para fazer o trabalho como estudante render, mas porque, além disso, esses são os fatores que mais influem para que o estudo se transforme em um hábito. Os hábitos de trabalho intelectual permitem um reforço da vontade e, ao mesmo tempo, economia de esforço e distribuição mais eficaz do tempo disponível. Por esse motivo, é muito conveniente que o professor ajude o aluno a planejar o trabalho diário, orientando-o quanto a *o que, quando, como e quanto* vai ter que estudar.

> *Quando o aluno consegue fazer com que o estudo não seja algo anárquico, que gera preocupações e conflitos, e sim algo cotidiano e natural, integrado à vida, estamos diante de um verdadeiro estudante, alguém que fez do estudo sua profissão e sua projeção de desenvolvimento pessoal.*

As vantagens de contar com um bom planejamento para atender adequadamente às tarefas do estudo são evidentes:

> *Permite distribuir o tempo de maneira que o estudante possa atender ordenadamente a todas as atividades e responsabilidades do dia: familiares, trabalhistas, sociais, de estudo, de lazer etc.*
> *Permite aproveitar melhor o tempo.*
> *Evita hesitações (perda de tempo) quanto ao que tem de fazer a cada dia;*
> *Ajuda a criar hábitos de ordem e organização.*
> *Contribui para poder cumprir os compromissos adquiridos.*
> *Obriga a uma sistematização e regularidade no trabalho.*
> *Impede o esquecimento do que deve ser feito, ou que restem tarefas a realizar.*

3.3.2 Características e condições do planejamento do estudo

O **planejamento do estudo** trata de conciliar equilibradamente o **tempo** e a **atividade** que pretendemos realizar: distribuir o tempo entre as diversas atividades e determinar o momento mais adequado às características de cada atividade. Em consequência, o estudante deve levar em conta os seguintes aspectos:

> Determinar o *momento mais adequado para o estudo:* **quando estudar?**

Há quem renda melhor pela manhã; outros conseguem mais à tarde ou à noite. Em geral, podemos dizer que o momento adequado deve estar afastado das refeições para evitar a sonolência causada pela digestão e consequente queda no rendimento. Também costumamos dizer que de manhã aprendemos com mais rapidez, mas também esquecemos mais rápido; à noite dá mais trabalho, mas retemos melhor. De qualquer maneira, cada pessoa tem determinados momentos em que seu rendimento costuma ser mais alto e esses momentos são os que cada um deve empregar preferencialmente para estudar.

> *Cada estudante deve dedicar ao estudo aqueles **momentos** em que se encontra em **melhores condições mentais e ambientais**.*

> Determinar a quantidade de tempo a empregar no estudo: **quanto tempo?**

Será determinado pela conjunção de dois fatores: o *número de matérias* e as exigências delas e o *tempo de que o aluno dispõe* para o estudo. É preciso levar em conta o tempo que o estudante deve dedicar a *outras atividades*, como deslocamento, vida familiar, lazer etc. O ideal é que disponha de tempo suficiente para abordar todo o trabalho/estudo cotidiano.

| Ensine a estudar... aprenda a aprender

Uma vez estabelecido o tempo, ele ficará fixo, com caráter habitual: *sempre a mesma quantidade de tempo, à mesma hora e no mesmo lugar.* Essa é a chave do sucesso de um *horário pessoal de estudo.*

Para que o planejamento atinja os objetivos que pretende, deve contar com as seguintes características:

> **Pessoal** – Realizado pelo próprio estudante, embora possa contar com a ajuda do professor. Ninguém melhor que ele mesmo conhece as condições ou circunstâncias que o cercam ou afetam: tempo de que dispõe, contexto familiar, aptidões intelectuais, dificuldades que encontra etc.
> **Flexível** – Sempre podem surgir *imprevistos* que exigem algum tipo de modificação. É importante que o aluno mantenha a decisão, a constância e os objetivos que persegue com o programa de trabalho/estudo pessoal, mas sua aplicação deve ser realizada com suficiente amplitude e capacidade de adaptação que permitam os reajustes necessários.
> **Realista** – É uma consequência das características anteriores, visto que o plano de trabalho/estudo deve se adequar às características específicas do estudante quanto à viabilidade de levar a tarefa a cabo todos os dias, tendo calculado tanto suas necessidades quanto suas dificuldades. Devem-se evitar as excessivas exigências ou falsas expectativas, bem como o desânimo ou o abandono fácil do plano traçado.

> *Ser realista é aspirar a fazer, de forma pessoal e flexível, o que cada um, segundo suas circunstâncias, pode cumprir, o que seja diariamente factível, sem angústias ou ansiedade desnecessária.*

3.3.3 Elaboração do horário pessoal

O **horário de trabalho/estudo** pessoal poupará ao estudante grande quantidade de tempo, visto que saberá previamente o que terá de fazer. Isso permitirá a ele selecionar o tempo de trabalho/estudo entre as horas livres e organizar sua vida de acordo com suas próprias necessidades.

Para elaborar adequadamente um horário, o estudante deve levar em conta os seguintes critérios:
> determinar, no início, o **tempo total** de que dispõe;
> ter em mente todas as suas **atividades e compromissos** diários;

> avaliar suas **capacidades, conhecimentos e habilidades** quanto ao que vai estudar e às atividades que tem de realizar;
> escolher os **melhores momentos** do dia para dedicar ao estudo;
> distribuir o tempo entre as **diversas matérias** – convém que as horas de trabalho/estudo sejam distribuídas separadas umas das outras, segundo as exigências de cada matéria, e com uma duração não muito prolongada, visto que o trabalho que dura pequenos períodos de tempo, de acordo com a idade do aluno, é mais efetivo;
> começar **programando** pequenos **períodos de trabalho/estudo** e ir aumentando-os pouco a pouco, intercalando os **descansos** e as mudanças de matéria;
> cumprir sempre as previsões realizadas: **a constância é fundamental**;
> **revisar e modificar** o horário segundo os resultados obtidos ou diante de novas circunstâncias;
> utilizar o horário até que tenha criado um **hábito de trabalho**, com tenacidade responsável.

3.3.4 Distribuição do tempo de trabalho/estudo

Como não é possível ficar várias horas estudando e rendendo com a mesma intensidade, o estudante deve distribuir seu esforço em função:
> da **dificuldade das matérias** que tem de estudar;
> do tipo de exercício a realizar e da **fadiga que causa;**
> da **necessidade de descansar** e mudar de atividade.

O seguinte modelo de distribuição do tempo, pensado para uma sessão de três horas seguidas de trabalho/estudo, pode ser útil:

TEMPO (sessão de trabalho/estudo)	30 minutos	1 hora	10 minutos	1 hora	10 minutos	30 minutos	10 minutos
ATIVIDADE (grau de dificuldade)	Fácil	Dificuldade média	DESCANSO	Difícil	DESCANSO	Fácil, prática, manual	REPASSES

3.3.5 Temporização no planejamento do trabalho/estudo pessoal

No momento de materializar o planejamento do estudo, devem ser levados em conta os diversos períodos de tempo dentro dos quais se desenvolvem as diversas atividades que todo estudante tem de realizar: estudo de temas, realização de tarefas, elaboração de trabalhos, preparação de verificações de aprendizagem e provas etc.

Podemos estabelecer quatro tipos de planejamento segundo a amplitude ou a extensão no tempo:

I. Planejamento de longo prazo: *calendário do ano escolar*

O planejamento de longo prazo vai permitir ao aluno ter uma visão global, de conjunto e com detalhes, dos aspectos que o possam afetar durante todo o ano escolar: datas, trabalhos, provas, feriados etc. Planejar esses compromissos com antecedência ajuda-o a organizar-se melhor, a dosar o esforço e, enfim, a ser mais responsável no cumprimento de suas obrigações escolares.

Pode haver duas modalidades complementares para realizar o **planejamento de longo prazo:**

Quadro 3.3 – Calendário pessoal do ano escolar

Meses Dias	Set.	Out.	Nov.	Dez.	Jan.	Fev.	Mar.	Abr.	Maio	Jun.	Jul.	Ago.
1												
2												
3												
4												
5												
6												
7												
8												
9												
10												
11												
12												
13												
14												
15												
16												
17												
18												
19												
20												
21												
22												

(continua)

(Quadro 3.3 – conclusão)

23										
24										
25										
26										
27										
28										
29										
30										
31										

a. **Calendário "pessoal" do ano escolar** – Na planilha representada no Quadro 3.3, o aluno pode elaborar seu próprio calendário do ano escolar, anotando as datas do calendário oficial da instituição de ensino e as outras de tipo pessoal e familiar.

b. **Programações didáticas do ano escolar** – O aluno pode *tomar nota* do que o professor de cada matéria lhe informa sobre a programação didática ou o projeto curricular no início do ano. Dessa forma, ele se sentirá mais envolvido no desenvolvimento da matéria depois de conhecer seus objetivos, conteúdos etc., que pode anotar em uma planilha como a do Quadro 3.4 ou similar.

O aluno planeja com tempo todas as suas atividades e compromissos estudantis. Registra-os nessa tabela, utilizando cores ou abreviaturas. **Saber as coisas com antecedência e o dia exato ajuda a ser mais responsável.**

CÓDIGO

A: *Aulas – Dias letivos (branco)*

D: *Domingo (vermelho)*

EX: *Excursão (verde)*

FE: *Feriado escolar (traço vermelho)*

F: *Férias (azul)*

AE: *Atividades extraescolares (verde e azul)*

AV: *Avaliação (vermelho e verde)*

FR: *Feriado (vermelho e azul)*

RE: *Recuperação (traço azul)*

Quadro 3.4 – *Programação didática do ano escolar*

DISCIPLINA Objetivos gerais da disciplina	PROFESSOR Conteúdos da matéria (blocos temáticos, temas, unidades didáticas, lições)
_____	_____
_____	_____
_____	_____
_____	_____

Metodologia e atividades – Recursos didáticos
_____
_____
_____
_____

Avaliação – Critérios – Formas de avaliação – Datas das avaliações
_____
_____
_____
_____

II. Planejamento de médio prazo: *plano trimestral*

O **planejamento de médio prazo** engloba o período de um *trimestre ou menos*. Nele, o aluno deve registrar as diversas tarefas de cada disciplina (estudo de temas, apresentação de trabalhos, leituras complementares, repasses, verificações de aprendizagem etc.). Cada professor, de acordo com a correspondente programação didática, deve informar aos alunos em períodos parciais, de avaliação a avaliação, por exemplo, sobre os aspectos específicos referentes a esse período somente, assim como outros aspectos, como as *recuperações*, atividades etc. O aluno anotará todas as indicações em uma planilha como a do Quadro 3.5, que lhe servirá de guia referencial de desenvolvimento da matéria.

> *O planejamento do trabalho de **médio e longo prazo** é muito necessário para poder distribuir o tempo entre cada uma das tarefas, com o objetivo de que sejam feitas com tempo e não se acumulem todas para a última hora.*

Quadro 3.5 – Planejamento didático de médio prazo

PERÍODO: DISCIPLINA Objetivos específicos temporais da disciplina	PROFESSOR Conteúdos parciais (blocos temáticos, temas, unidades didáticas, lições)
Metodologia e atividades – Recursos didáticos	
Avaliação – Critérios – Formas de avaliação – Datas das avaliações	
Recuperação – Atividades de apoio	

III. Planejamento de curto prazo: *plano semanal*

O **planejamento semanal** pretende atribuir a cada disciplina o tempo que se julgar necessário durante a semana, incluindo os temas de estudo, a realização de exercícios, o esclarecimento de dúvidas etc. Deve incluir todas as matérias. O tempo dedicado a cada uma delas deve ser proporcional à dificuldade que representa para o estudo. Além da *agenda pessoal*, o aluno pode planejar as atividades de estudo de cada semana, seguindo o modelo do Quadro 3.6.

| Ensine a estudar... aprenda a aprender

Quadro 3.6 – *Planejamento semanal*

Dias e tarefas / Horas	Segunda disciplinas/ tarefas	Terça disciplinas/ tarefas	Quarta disciplinas/ tarefas	Quinta disciplinas/ tarefas	Sexta disciplinas/ tarefas

IV. Planejamento do estudo diário: *programa pessoal de trabalho/estudo*

Finalmente, o planejamento do estudo chega à sua explicitação mais específica: o **programa de horário pessoal de trabalho/estudo**. Representa, para o estudante, um compromisso consigo mesmo diante das exigências do estudo, desenvolve hábitos adequados e canaliza o esforço e a dedicação que deve prestar às tarefas do estudo.

Para elaborar o *programa de horário pessoal de trabalho/estudo*, deve-se levar em conta critérios já indicados anteriormente.

Com esse programa, o estudante cumpre a responsabilidade diária que tem com o estudo, aplicando-se às tarefas das várias disciplinas no espaço de tempo de que dispõe.

> **Convém recordar** que o **plano de trabalho/estudo** deve ser **pessoal, realista, flexível e diário**. Deve ser posto em prática com entusiasmo e otimismo, fazendo as mudanças necessárias até afiançar o plano de trabalho definitivo. Um bom plano de trabalho ajudará o estudante a organizar-se melhor e, portanto, a dispor de mais tempo para tudo.

O plano de estudo diário, enfim, é determinado por uma série de componentes que convém integrar estrategicamente, como mostramos a seguir:

> *Planejamento prévio.*
> *Material didático e de escritório necessário para estudar.*
> *Atividades e tarefas a serem realizadas:*
>   > *estudo de temas;*
>   > *realização de esquemas, resumos etc.;*
>   > *elaboração de trabalhos, tarefas etc.;*
>   > *realização de repasses etc.*
> *Inclusão de breves **descansos**.*
> *Atendimento a **imprevistos**.*

Fórmula mágica para que o aluno garanta o sucesso nos estudos:
> *Estudar **todos os dias**, de segunda a sexta – dedicar sábados e domingos ao lazer e à cultura;*
> *Manter no **mesmo lugar seu local de estudo**; nem na cozinha nem na sala;*
> *Manter o estudo **à mesma hora**, seguindo seu **programa de horário pessoal**, sem depender do horário da TV.*

V. A *agenda escolar*, instrumento de planejamento e acompanhamento

A **agenda escolar** nas mãos do aluno pode ser um eficaz **instrumento facilitador** do planejamento e da organização do tempo de estudo, um **veículo de comunicação** entre as famílias e o professorado, especialmente os orientadores, e um instrumento que dinamiza o **intercâmbio de informação** sobre o próprio aluno e o acompanhamento próximo de seu processo educacional.

Agenda (do latim agenda, "coisas que se devem fazem"). 1. Livro ou caderno em que se apontam, para não esquecer, as coisas que se deve fazer. 2. Relação dos temas ou assuntos que devem ser tratados em uma reunião ou de atividades sucessivas que se devem executar. (Dicionário da Real Academia Espanhola)

Possivelmente, a primeira *agenda escolar do aluno* tenha sido publicada no ano de 1982, no início da reforma educacional. Hoje, seu uso já está generalizado nas escolas e faz parte do conjunto de livros escolares dos alunos. Com isso, são corroboradas a vigência e a atualidade do valor pedagógico e didático daquela iniciativa. Aquela agenda, como muitas das atuais, foi pensada para:

| Ensine a estudar... aprenda a aprender

> **ajudar** os alunos no cumprimento de suas responsabilidades escolares;
> **reforçar** a ação docente e educacional dos professores;
> **favorecer** o apoio e o acompanhamento dos pais, relacionando a família e a escola.

Na apresentação daquela *agenda escolar do aluno*, o autor concluía com estas palavras dirigidas aos estudantes:

"Esta Agenda Escolar quer ser seu instrumento habitual para personalizar seu trabalho escolar, um guia que o oriente, um registro no qual guarde sua história dia a dia; um apoio, uma ajuda com a qual sempre pode contar no prolongado esforço de seus estudos." *(Castillo Arredondo, 1982)*

a. **Objetivos da agenda escolar** – É um instrumento básico de intercomunicação didática de três lados: professores, alunos e pais (ou escola, estudantes e famílias). Estes podem ser alguns dos objetivos a serem atingidos com essa *ferramenta de trabalho conjunto*:

> contribuir para que o aluno **personalize** sua atividade escolar e assuma suas responsabilidades;
> propiciar a necessária intercomunicação dos principais protagonistas da comunidade escolar: professores, alunos e pais;
> aproximar dos alunos a programação didática e os projetos curriculares;
> planejar, desde o início, o desenvolvimento das disciplinas e demais atividades que se sucederão no decorrer do curso;
> ajudar os alunos a organizarem a realização das tarefas escolares e do estudo;
> seguir, dia a dia, o estabelecido nos diversos planejamentos, de *longo, médio* e *curto* prazo;
> potencializar o acompanhamento continuado do andamento escolar e da avaliação dos alunos;
> fornecer informação relevante que os alunos devam saber, como dados da instituição de ensino, horários, dados de professores e colegas, acordos da classe e da escola, resultados de avaliações etc.;
> favorecer o acompanhamento de acordos estabelecidos nas sessões de orientação;
> fomentar nos estudantes a realização de anotações, datas, referências etc., de interesse para o desenvolvimento de seu estudo;
> permitir aos pais um acompanhamento rotineiro das atividades escolares de seus filhos;
> facilitar a recepção e o envio de bilhetes entre os pais e os professores sobre seus filhos/alunos;

b. **Utilidade da agenda escolar** – A utilidade e os benefícios desse instrumento, ferramenta ou recurso didático em que se constitui a agenda escolar não vão depender só de seu conteúdo, estrutura ou apresentação, mas sim do uso intencional, didático e educacional que dela fizerem tanto professores quanto pais e alunos.

> Em outras palavras, *o valor e a utilidade* da *agenda escolar* não estão na qualidade que o instrumento possa ter, e sim **na vontade pedagógica e na habilidade didática de quem a souber utilizar**.

Portanto, a utilidade e os benefícios educacionais que o uso de uma agenda escolar pode trazer vão depender, em grande medida, dos seguintes aspectos:
› do **interesse do professor** em fomentar seu uso e nas orientações que der aos alunos para que aprendam a utilizá-la habitualmente: anotações, acompanhamento dos planejamentos, mensagens à família etc.;
› da **constância do aluno** no uso habitual que seus professores ou sua própria conveniência solicitar, por poder registrar nela diversas incidências de sua vida escolar;
› da preocupação que tiverem os pais de acompanhar de perto o andamento da vida escolar de seus filhos. Essa preocupação é alimentada pelas inquietudes, recados, convocações etc. que, por meio da agenda, os professores de seus filhos enviam.

> *O planejamento do trabalho/estudo leva o estudante a elaborar sua própria agenda escolar, que, como o nome diz, é o livro ou caderno no qual se anota o que deve ser feito, como fazem os adultos para não esquecer as coisas que têm de fazer a cada dia e para que possam cumprir, de forma responsável, seus compromissos. Com ela, o estudante manterá suas coisas, suas responsabilidades em dia, evitando esquecimentos, improvisações e distrações desagradáveis.*
>
> *A agenda escolar pode ser sua companheira de fadiga ou a carta de navegação durante a travessia de seus estudos e acabará sendo a "crônica" de sua vida escolar. Não é livro "de usar e jogar fora", mas de usar e guardar como documento de sua própria história. Dessa forma, sentir-se-á mais responsável e viverá como suas – como protagonista – todas as tarefas escolares. (Castillo Arredondo, 1982)*

Ensine a estudar... aprenda a aprender

REGRAS DE OURO PARA TER SUCESSO NOS ESTUDOS

Para qualquer estudante, tenha a idade que tiver

Um pai, industrial que se fez sozinho, participou com suas duas filhas, que cursavam os últimos níveis da Educação Primária, de um curso de técnicas de estudo, para também aprender e, assim, poder ajudá-las melhor em seus estudos. Na sessão de encerramento, apresentou espontaneamente estas **regras de ouro**, extraídas das notas e reflexões que o curso lhe havia sugerido, e ofereceu-as a todos os estudantes presentes. Dizem o seguinte:

1. Você deve saber que o homem não nasceu para estudar. Se estuda, é para poder satisfazer as necessidades surgidas com a civilização e por exigências atuais da sociedade. **Estudar, hoje**, embora às vezes não lhe apeteça, é **imprescindível** se quiser fazer algo nesta sociedade, isso para não dizer se quiser ser o melhor ou o primeiro.
2. Se quiser se aproveitar e prosperar no **estudo**, precisa saber **se organizar e planejar** para tirar o melhor rendimento do esforço de trabalho/estudo.
3. Todo progresso está em **nunca se apressar** e em **não divagar jamais**. Fixe suas metas: **O que você quer ser? Aonde quer chegar?** E aplique-se ao estudo que cada meta possa lhe exigir.
4. Por mais inteligente que se ache, pense que sempre haverá alguém melhor que você, mas nunca diga, como consolo "também existe gente mais ignorante que eu!"
5. Nunca, como pessoa, você pode dizer "isto é impossível", se antes não utilizou todos os meios a seu alcance para conseguir. Pense que, se outra pessoa fez, você também pode fazer.
6. **Não culpe ninguém por seus fracassos**. Para aquele que luta e se esforça até o fim, sempre resta o **sucesso pessoal** do dever cumprido: **quem faz tudo o que pode, não é obrigado a fazer mais**.
7. Aquele a quem um estudante nunca deve enganar é a si mesmo, principalmente diante da avaliação de seu esforço e resultados: as provas.
8. Pense que, enquanto estiver na escola, **o professor é seu melhor aliado**. Procure tirar o máximo proveito de tudo o que ele lhe pode oferecer.
9. Tenha sempre as ideias muito claras. Se não as tiver claras, **perca o tempo que for necessário** até clareá-las, mas não continue vivendo à deriva, na confusão, ou no escuro e, pior ainda, na angústia da dúvida.
10. Nunca faça uma coisa **sem saber por que faz, que motivos** o movem. Se não a pôde analisar antes de realizá-la, analise-a depois, mas faça isso!

Se fizer suas essas regras e as aplicar em sua vida e seus estudos, você vai se surpreender!

4. Aplicações: da formação... à prática

4.1 Professor: *Ensine a estudar!*

> *Para atingir os objetivos desta unidade didática, propomos, como exemplo, as seguintes atividades para desenvolver aplicações práticas e o convidamos a realizar outras similares.*

1. Investigue as diversas **motivações para o estudo** que seus alunos apresentam. Para isso, você pode realizar um debate aberto com eles sobre o tema ou aplicar algum **questionário** ou **inventário** específico a respeito. Posteriormente, elabore uma **ficha personalizada**, na qual constem quais são as atitudes e preferências pessoais de cada um deles.
2. Avalie a adequação dos **condicionantes físicos da classe** às necessidades de estudo de seus alunos. Essa tarefa pode ser realizada contando com o **Departamento de Orientação** e em relação às tarefas da **monitoria**.
3. Elabore um roteiro para uma **palestra/colóquio** com os pais, para motivar sua participação na **melhoria das condições** necessárias para o **estudo eficaz** de seus filhos **em casa**.
4. Combine com seus colegas a **inclusão nas programações didáticas** da disciplina, especialmente no início do ano, de **critérios comuns de ação**, para **ensinar os alunos a planejar** suas tarefas e períodos de estudo, se possível, contando com a **colaboração das famílias**.
5. Fomente o uso da **agenda escolar** para estabelecer com os alunos uma intensa intercomunicação didática: programações das matérias, critérios de avaliação, comunicados, solicitações de entrevistas, reuniões com o orientador etc.

4.2. Aluno: *Aprenda a aprender!*

> *Para atingir os objetivos desta unidade didática, propomos, como exemplo, as seguintes atividades para desenvolver aplicações práticas e o convidamos a realizar outras similares, todas elas com o objetivo de que os alunos cheguem a **aprender a aprender** por si mesmos. Complemente essas atuações propiciando aos alunos, de uma maneira eficiente, que realizem, de forma **autônoma, voluntária** e **habitual**, aplicações similares na prática de estudo.*

1. Aplique aos alunos algum **questionário que permita diagnosticar** a situação deles diante da **execução do estudo**, enquanto os estimula a realizar suas próprias **autoavaliações**.
2. Proponha aos alunos que elaborem um **horário pessoal de trabalho/estudo** e posteriormente o **revise com cada um deles** para orientá-los em sua execução e cumprimento ou para **poderem melhorar** alguns aspectos.
3. Proporcione aos alunos um roteiro com os aspectos que têm de avaliar sobre as condições **físico-ambientais** do **local de estudo na própria casa**. Posteriormente, em vista dos dados coletados, debata as **propostas de melhoria, contando com a colaboração das famílias**.
4. Realize com os alunos um debate de análise das circunstâncias e condições do **estudo eficaz**. A seguir, sugira que cada aluno **registre em seu caderno de anotações** as **circunstâncias ou condições** com as quais deve ocupar-se **para poder melhorá-las** o quanto for possível.
5. Elabore com os alunos a agenda de um **planejamento de médio prazo**, um *plano trimestral*, com os dados, datas e **atividades didáticas da disciplina** a serem realizadas durante esse período de tempo. Posteriormente, no decorrer do trimestre, faça **frequentes alertas** ou referências aos conteúdos da agenda que elaboraram conjuntamente.

5. Bibliografia

ADAMS, A.; CARNINE, D. e GERSTEN, R. (1985). "Estrategias de instrucción para el estudio de textos disciplinares en los grados intermedios". *Infancia y Aprendizaje*, 31-32, 109-128.

ÁLVAREZ, M. e FERNÁNDEZ, R. (1990). *Cuestionario de hábitos y técnicas de estudio: CHTE*. Madri, TEA Ediciones.

BAEZA LÓPEZ, J. (1984). *Métodos de estudio*. Madri, Miñón.

CANTINEAUX, B. (1977). *Examen del método de trabajo (EMT)*. Madri, ICCE.

CASTILLO ARREDONDO, S. (1982). *Agenda escolar del alumno*. Madri, Paidopsique Promoción Educativa.

CHICO GONZÁLEZ, P. (1981c). *¿Sabes..., quieres..., puedes..., estudiar?* Bujedo (Burgos), Centro Vocacional La Salle.

CUENCA ESTEBAN, F. (1987). *Cómo estudiar con eficacia*. Madri, Escuela Española.

FERNÁNDEZ POZAR, F. (1972). Inventario de Hábitos de Estudio. Madri, 1985, TEA Ediciones.

FERNÁNDEZ POZAR, F. e outros (1981). "Test de Hábitos de Trabajo y Estudio, THTE", en Luján Castro, J. (Coord.): *Elaboración de instrumentos para la evaluación de los aspectos básicos del rendimiento escolar en 8º curso de EGB*. Madri, MEC.

GARCÍA MEDIAVILLA, L. e outros (1986). *Test "ITECA" sobre actitudes y método de trabajo intelectual*. Madri, Calpa.

MARTÍN RODRÍGUEZ, J. A. (1975). *Cuestionario de hábitos y actitudes escolares*. ALFA. Madri, Cospa.

PÉREZ AVELLANEDA, M. (1989). *Enseñar a estudiar*. Madri, Escuela Española.

_____. (1995). "El estudio y la asimilación personal: estrategias de aprendizaje. Análisis comparativo entre alumnos de diferentes niveles". Tesis doctoral. Uned.

PÉREZ AVELLANEDA, M. e outros (1998). DIE. *Diagnóstico Integral del Estudio*. Madri, TEA Ediciones.

RGG (1980). *Hábitos de estudio*. Madri, CEIS.

ROWNTREE, D. (1976). *Aprende a estudiar*. Barcelona, Herder.

SELMES, I. (1988). *La mejora de las habilidades para el estudio*. Barcelona, Paidós/MEC.

TOURÓN, J. (1989). *Métodos de estudio en la universidad*. Pamplona, Eunsa.

UBIETO ARTETA, A. (1981). *Técnicas básicas para el estudio*. Zaragoza, ICE Universidad de Zaragoza.

YUSTE HERNÁNDEZ, C. (1986). *Cuestionario de estudio y trabajo intelectual* (CETI). *Nivel Medio y Superior*. Madri, Cepe.

unidade didática quatro

a leitura eficaz: compreensão do texto escrito

1. Introdução

A invenção da escrita, há cerca de 5.500 anos, representou um avanço definitivo na transmissão da cultura de uma geração a outra. Hoje, considera-se que o domínio da leitura e da escrita é uma das bases fundamentais para a educação. A **alfabetização tradicional** e a **alfabetização digital** adequadas representam um dos condicionantes mais sólidos da aprendizagem. A leitura é, sem dúvida, a **técnica instrumental básica para estudar** e desenvolver a aprendizagem escolar. Nesta **unidade didática**, expomos orientações e técnicas que conduzem a leitura a ser eficaz, isto é, que atinja o propósito de entender o que está escrito com uma velocidade adequada.

Em *primeiro lugar*, falamos do fato de que **ler com eficácia** é uma das capacidades básicas para a aprendizagem. O estudante deve conhecer quais são os **comportamentos adequados em relação à leitura**, os que distinguem um bom leitor de outro que tem de aprender a sê-lo.

Em *segundo lugar*, falamos de quais devem ser as **atitudes** para refletir sobre o significado do que se lê, bem como as **aptidões** que permitem que a compreensão seja eficaz. Para isso, é necessário ir além das palavras e sintetizar seu significado.

Em terceiro lugar, são apresentadas as **características de uma leitura eficaz**. Esse processo **físico e mental** requer captar o pensamento, o sentido do texto e, ao mesmo tempo, perceber o tom, os matizes que o autor pretende transmitir. Para que a leitura seja eficaz, é necessário que seja rápida e que, ao mesmo tempo, paradoxalmente, possa ser mais compreensiva se forem exercitadas a **concentração** e a **atenção**.

Em *quarto lugar*, oferecemos **orientações para melhorar a velocidade de leitura** e **exercícios para diagnosticar e aumentar** o número de palavras por minuto necessárias para ler de uma maneira rápida e compreensiva.

Finalmente, o *quinto item* refere-se aos **tipos de leitura**, desde a leitura para o lazer e a curiosidade até a **leitura comprometida com o estudo**. Segundo a natureza do texto e da intenção do leitor, definem-se as características do **ritmo de leitura** para estabelecer a melhor relação velocidade-compreensão.

2. Objetivos

Com esta unidade didática, pretende-se atingir os seguintes **objetivos**:

a. Para o **professor**:
   1. Aprofundar o *valor instrumental da leitura* para a realização do estudo;
   2. Poder reconhecer as *habilidades* e os *defeitos* de leitura de seus alunos;

3. Saber diferenciar os diversos *tipos de leitura* e estabelecer seu grau de dificuldade;
4. Analisar as diversas *atitudes* e *aptidões* que devem ser desenvolvidas pelos alunos para obter hábitos de *leitura eficaz*;
5. Elaborar programas para o *fomento da leitura* nos alunos de sua série, etapa ou instituição de ensino.

b. Para o **aluno**:
   1. Identificar as condutas de um *bom leitor* e de um *mau leitor* – autoavaliar o próprio nível de leitura;
   2. Analisar os *condicionantes ambientais* externos e internos de uma *leitura eficaz*;
   3. Conhecer as *técnicas* que lhe permitem melhorar a *velocidade e a compreensão de leitura*;
   4. Melhorar a concentração no estudo, com o aperfeiçoamento das técnicas de leitura eficaz;
   5. Avaliar a leitura como instrumento de estudo, informação, trabalho e lazer.

3. Conteúdos

3.1 Valor instrumental da leitura

A leitura é, sem dúvida, a atividade de maior importância no estudo, não só porque oferece mais possibilidades de se adquirir informação de todo tipo, mas também pela estreita relação que existe entre a **leitura** e o **rendimento escolar** na maioria das disciplinas.

O aluno que lê bem, com boa velocidade e compreensão, tem grande vantagem sobre os demais. Porém, sabemos que são poucos os estudantes que possuem técnicas de leitura que os capacitem a atingir o máximo nível de leitura e, consequentemente, um satisfatório rendimento no esforço aplicado ao estudo.

A leitura, ou os hábitos de leitura, consta entre os pilares mais importantes nos quais se fundamenta o estudo. Também sabemos que as possibilidades de melhorar a leitura, em seu duplo aspecto (de maior velocidade e compreensão), estão ao alcance do estudante que se propuser a isso. O estudante, por meio da leitura, vai adquirir a maior parte dos saberes acadêmicos e profissionais. A leitura de material escrito ocupa, aproximadamente, 90% do tempo que um aluno dedica às tarefas do estudo.

| Ensine a estudar... aprenda a aprender

> A **constatação generalizada** nos diz que o estudante chega até a universidade com **profundas carências** nessa técnica instrumental básica: **não sabe ler bem, entende com dificuldade o que lê** e, do mesmo modo, **também não sabe escrever e se expressar corretamente.**

No Quadro 4.1, o estudante pode analisar qual é seu comportamento em relação à *leitura* e, uma vez reconhecidos os comportamentos inadequados que vem mantendo, pode melhorá-los. Seu rendimento acadêmico está em jogo!

Quadro 4.1 – Comportamentos em relação à leitura

O estudante bom leitor:	O estudante mau leitor:
1. É capaz de compreender o conteúdo do texto escrito, de julgá-lo e de apreciar seu valor informativo.	1. É incapaz de centrar a atenção na leitura. Corre a vista pelas páginas do livro sem captar seu conteúdo.
2. Interpreta as palavras escritas, compreende seu sentido, capta as ideias e mensagens do autor, coteja as novidades que o autor lhe oferece com os conhecimentos que já possui e avalia criticamente o lido para assumi-lo ou rejeitá-lo.	2. Possui um espaço de reconhecimento muito pequeno, de apenas uma ou duas palavras por fixação. Isso o faz ser lento e realizar muitas regressões na leitura.
3. É ativo diante de um texto: relendo, destacando, fazendo perguntas, resumindo, refletindo e utilizando o dicionário.	3. É inconstante e continua lendo sem se aprofundar no conteúdo da mensagem que o autor deseja transmitir.
4. É a pessoa que lê muito e procura se informar sobre as diversas opiniões que os autores mais relevantes e qualificados emitiram sobre o tema objeto de estudo, consultando vários livros.	4. Deixa dúvidas sem resolver em relação a dados, problemas, citações ou alusões, cujos sentidos não capta.
5. Não se deixa levar por ideias preconcebidas, visto que tem ciência de que os juízos prematuros facilmente conduzem ao erro.	5. Manifesta uma atitude passiva ao não fazer anotações sobre o que lê ou não consultar o dicionário.
6. Esforça-se, na medida do possível, para captar o maior número de ideias claras e precisas sobre um tema.	6. Possui um vocabulário muito reduzido, o que dificulta a compreensão da mensagem e entorpece a expressão das ideias próprias.

3.2 A leitura: atitude e aptidões

O que é leitura? "Silencioso diálogo do leitor com o autor". Assim Laín Entralgo definiu a leitura. Ler é assumir a atitude de *ouvir, compreender, assimilar e responder*; é contrastar as próprias ideias com as ideias do autor.

Esse diálogo entre o leitor e o autor, próprio da leitura, traz inevitavelmente à memória uma citação atribuída a Galeno e os versos geniais e impressionantes de Francisco de Quevedo:

> "Graças às letras e às mãos é possível, hoje, conversar com Platão, Aristóteles, Hipócrates e outros antigos." (Galeno)

Da Torre de Juan Abad

Retirado na paz desses desertos,
com poucos, mas doutos livros juntos,
vivo em conversação com os defuntos,
e ouço com meus olhos os mortos.

Se nem sempre entendidos, sempre abertos,
ou emendam, ou fecundam meus assuntos;
e em músicos calados contrapontos
ao sonho da vida falam despertos.

As Grandes Almas que a Morte ausenta,
de injúrias dos anos vingadora,
livra, oh, grande Don Josef!, douta a Imprensa.

Em fuga irrevogável foge a hora;
mas aquela o melhor cálculo conta,
que na lição e estudos nos melhora.

Francisco de Quevedo

| Ensine a estudar... aprenda a aprender

Ler um livro exige uma **atitude receptiva**, um **interesse ativo**. Essa atitude crítica o aluno desenvolve por meio de **processos intelectuais** (Figuras 4.1, 4.2 e 4.3) nos quais:

> › *reconhece as palavras;*
> › *entende as ideias, o pensamento e a mensagem do autor;*
> › *analisa o pensamento do autor, contrastando-o com o seu;*
> › *avalia o lido: aceita-o ou rejeita-o.*

Ler é entender o que o autor quer nos dizer, e isso exige de nós *reflexão* e *esforço mental*.

Para que o estudante possa *saber ler* compreensiva e interpretativamente, deve se propor, com constância e esforço, os seguintes objetivos de melhoria:

> › *Fomentar o hábito da leitura com uma atitude positiva em relação ao texto e não esquecer que grande parte dos conhecimentos que vai adquirir será recebida por meio da leitura;*
> › *Ampliar seu vocabulário o máximo possível;*
> › *Dominar os mecanismos do processo de leitura e eliminar os defeitos adquiridos;*
> › *Realizar a leitura de forma compreensiva, com captação e retenção dos conceitos lidos e com a avaliação de seus conteúdos.*

O estudante, quando faz uma leitura, está pondo em prática uma série de aptidões que são as que tornam possíveis a aprendizagem e o desenvolvimento do pensamento. Vamos recordar algumas delas:

> › **Aptidão para captar a informação do texto** – O estudante deve ser capaz de descobrir e localizar a informação específica e precisa de um tema, apoiando-se fundamentalmente nas ideias substanciais do texto.
> › **Aptidão para avaliar a informação** – O estudante precisa selecionar valorativamente, de forma pontual e específica, os conteúdos de qualidade estritamente necessários entre as variadas informações do texto.
> › **Aptidão organizativa** – Além da capacidade de análise, o estudante deve ser capaz de relacionar os nexos que unem os diversos conceitos, estabelecendo a necessária organização lógica e hierárquica de todos os conteúdos fundamentais de um tema.

> **Aptidão para comunicar ou expressar a informação** – Depois de terminar a leitura de estudo de um tema, o estudante deve ser capaz de expressar, de forma oral ou por escrito, utilizando suas próprias expressões, e não de modo literal ou memorizado, o conteúdo fundamental do que leu.
> **Aptidão interrogativa** – Saber interrogar-se sobre tudo o que está lendo é o melhor caminho para a aprendizagem. As habituais perguntas, tais como: **O quê? Por quê? Como? Para quê? Quando? Onde? Quem?** etc., são as chaves do saber. Qualquer ideia, tanto se estiver expressa em forma de palavra, como escondida em uma longa frase ou parágrafo, pode se transformar em uma pergunta se precedida de advérbios de interrogação. O estudante deve habituar-se a formular a si mesmo perguntas sobre o conteúdo da leitura e a respondê-las. Essa é a melhor maneira de ler compreensivamente e de desenvolver a capacidade de aprender.

> *As **aptidões** e as **habilidades** que tornam possível a aprendizagem por meio da leitura devem ser objeto prioritário do estudante em seu estudo diário. Mas a chave para conseguir essas aptidões ou destrezas em uma leitura realmente inteligente e eficaz está em saber **ir além das palavras**, em uma busca contínua das ideias que estão envolvidas em uma grande quantidade de palavras que as acompanham. Descobrir e selecionar, entre todas elas, as poucas **palavras que sintetizam as ideias principais**, aquelas realmente importantes, ou ser capaz de deduzi-las ou de expressá-las com termos próprios quando não se encontram plasmadas de maneira clara, com palavras específicas, constitui a essência da **leitura compreensiva como instrumento imprescindível para a aprendizagem escolar**.*

Figura 4.1 – Fases da leitura

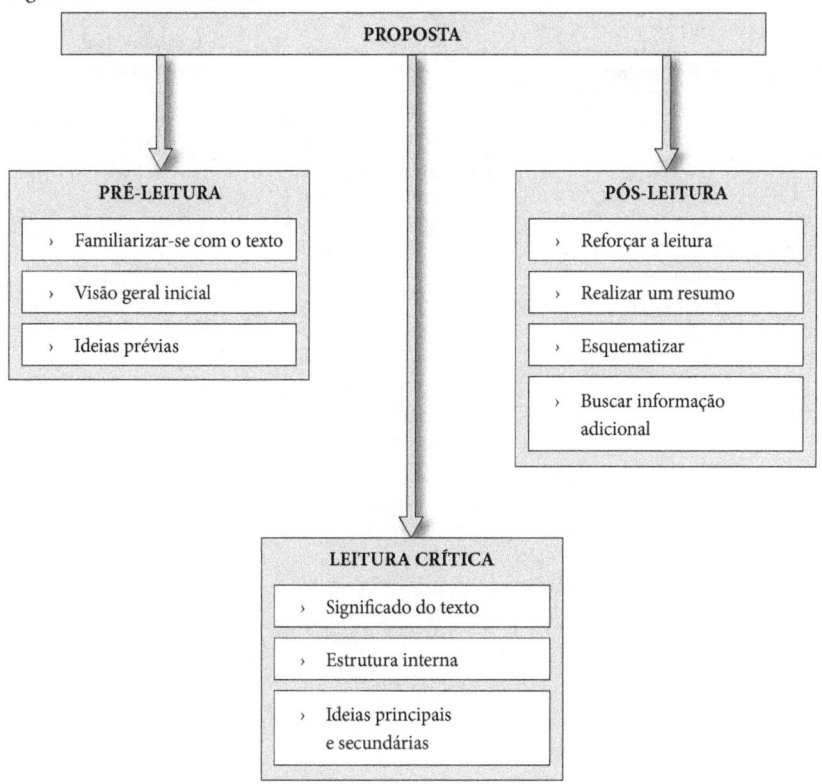

```
                        PROPOSTA
         ┌─────────────────┼─────────────────┐
         ▼                 ▼                 ▼
   PRÉ-LEITURA      LEITURA CRÍTICA      PÓS-LEITURA
   › Familiarizar-se    › Significado      › Reforçar a leitura
     com o texto          do texto         › Realizar um resumo
   › Visão geral        › Estrutura        › Esquematizar
     inicial              interna          › Buscar informação
   › Ideias prévias     › Ideias             adicional
                          principais
                          e secundárias
```

Figura 4.2 – Tipos de leitura

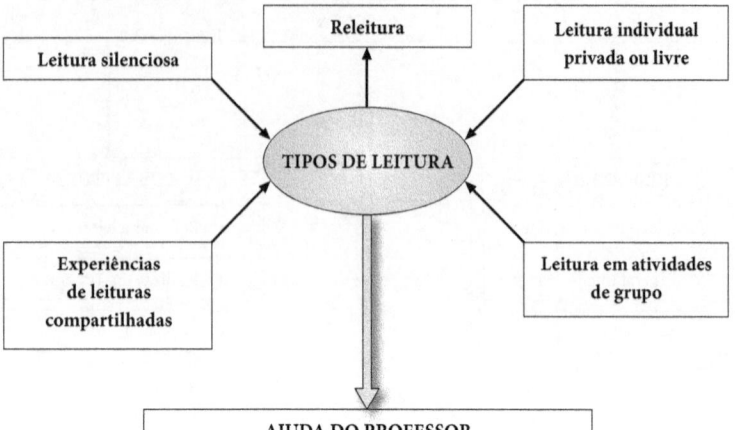

```
                    Releitura                Leitura individual
  Leitura silenciosa                         privada ou livre
              ↘         ↑         ↙
              ( TIPOS DE LEITURA )
              ↗         ↓         ↖
  Experiências                              Leitura em atividades
  de leituras                               de grupo
  compartilhadas
```

AJUDA DO PROFESSOR
› Recordar mediante algumas palavras.
› Sugerir que podem se ajudar com algum texto.
› Ajudar a utilizar as chaves de leitura para compreender.
› Parabenizar o grupo por seus avanços.

Figura 4.3 – Cinco momentos da leitura

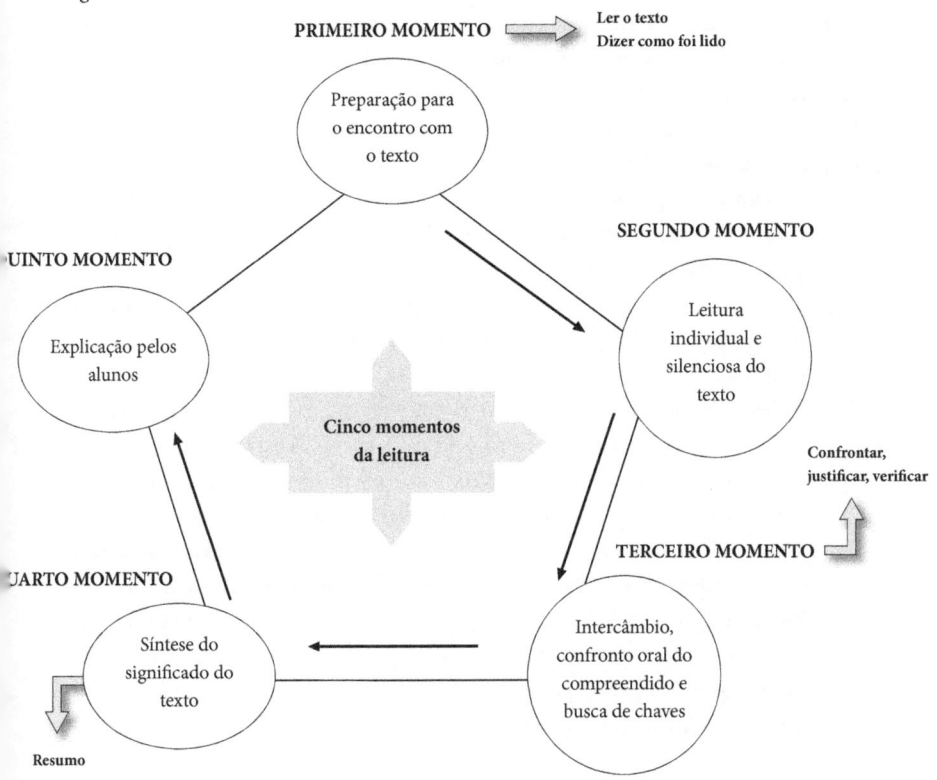

PRIMEIRO MOMENTO ⇨ Ler o texto / Dizer como foi lido

- Preparação para o encontro com o texto

SEGUNDO MOMENTO
- Leitura individual e silenciosa do texto

Confrontar, justificar, verificar

TERCEIRO MOMENTO
- Intercâmbio, confronto oral do compreendido e busca de chaves

QUARTO MOMENTO
- Síntese do significado do texto

Resumo

QUINTO MOMENTO
- Explicação pelos alunos

Cinco momentos da leitura

3.3 A leitura eficaz

A leitura implica um duplo processo, **físico e mental**, ao mesmo tempo: o primeiro se refere aos movimentos dos olhos para captar sensitivamente as palavras; o segundo corresponde à elaboração cognitiva dos significados dessas palavras apreendidas fisicamente. A **eficácia da leitura** dependerá, em consequência, do desenvolvimento adequado e da conjunção desses dois processos, realizados simultaneamente, isto é, consiste em ser capaz de ler com a maior rapidez possível e, ao mesmo tempo, alcançar uma suficiente compreensão do que foi lido.

As pesquisas estão mostrando que, quando adquirimos o hábito de ler com rapidez, aumentamos também o nível de compreensão, e isso ocorre porque, entre outras razões, para a maior velocidade de leitura de um texto, a concentração é mais intensa e, como consequência, melhora também a compreensão.

Esse é o motivo pelo qual todos os autores modernos que explicam técnicas de trabalho intelectual insistem até a saciedade em afirmar que a verdadeira leitura eficaz é consequência de uma perfeita harmonização entre a velocidade de leitura do texto e o nível de compreensão e profundidade atingido do conteúdo.

Seja qual for o modo de ler, é importante destacarmos que a leitura deve ser também **compreensiva** e **expressiva**:

> A **leitura compreensiva** é a que proporciona o conhecimento do texto que se lê. Carece de sentido uma leitura a grande velocidade, correta, mecânica, que não chegue à compreensão. Com a leitura pretendemos alcançar um objetivo: informação sobre um tema, conhecimento de outros pontos de vista, aprendizagem de uma matéria etc. e, se não compreendemos aquilo que lemos, não atingimos o propósito da leitura.

> A **leitura expressiva** é aquela que leva em conta as pausas, os sinais ortográficos, exclamações, admirações, interrogações etc. É a que ajuda para uma maior compreensão, porque confere um caráter mais real à leitura. Quando uma pessoa escreve algo, está se expressando por meio da escrita, e é indubitável que, se expressasse o mesmo de maneira oral, a voz não seria monótona nem teria o mesmo tom durante toda a conversa ou o discurso. Os matizes da voz, as pausas, as expressões de admiração, de suspense, de explicação, de afirmação etc. requerem uma expressão diferente. O mesmo ocorre na leitura, ainda que aquilo que lemos tenha sido escrito por outra pessoa. Quando alguém lê, sempre pode imprimir sentido e *expressividade*. Para isso, são necessárias *imaginação, agilidade mental, criatividade* e *atitude participativa*.

O aluno deve ter sempre em mente que da **execução da leitura eficaz** participam vários condicionantes:

1. *o estado da visão;*
2. *a iluminação;*
3. *a fadiga ocular;*
4. *a posição adequada do texto;*
5. *a distância em relação ao texto;*
6. *a postura corporal;*
7. *um ambiente tranquilo e silencioso;*
8. *a concentração na leitura;*
9. *o interesse pelo tema;*
10. *uma atitude pessoal.*

3.3.1 Velocidade na leitura

A velocidade na leitura refere-se ao número de palavras que um estudante pode ser capaz de ler em um determinado período de tempo. É medida pelo número de palavras lidas por minuto. O ritmo de leitura vai depender da habilidade pessoal, do tipo de texto e da finalidade da leitura.

As razões apontadas para provar que à maior velocidade de leitura corresponde um aumento da compreensão são as seguintes:

a. O que importa é **captar as ideias expressas por meio das palavras**: o estudante deve realizar uma leitura silenciosa passando os olhos velozmente pelas linhas e palavras. **O que interessa é ficar com o essencial, com o conteúdo, com as ideias.**
b. Como as palavras são sinais que encerram as ideias, a **leitura veloz permite captar**, de forma global, o significado das frases completas, como um todo, de maneira quase instantânea, em um único ato de atenção continuado. Ao contrário, em uma **leitura muito lenta**, a percepção parcial do conteúdo da frase **não nos proporciona uma ideia exata** e rápida, com o que diminui nosso nível de compreensão.
c. Deve-se levar em conta que o **significado e o verdadeiro sentido** de muitas palavra dependem do contexto em que estão escritas. De qualquer maneira, **o leitor rápido obterá sempre melhor nível de compreensão que o lento**.
d. A prática da **leitura rápida** conduz ao aumento da **capacidade de concentração** e, como consequência, melhora consideravelmente **a compreensão** dos conteúdos.
e. Finalmente, **ler com muita rapidez permite agrupar as palavras em unidades lógicas que facilitam e aumentam a compreensão do texto**.

Está na base da **velocidade de leitura** o processo fisiológico que possibilita os mecanismos e automatismos desse ato. O processo fisiológico, isto é, o movimento dos olhos, tem uma importância vital, porque condiciona a elaboração mental, ou seja, a **compreensão**. É preciso diminuir ao máximo possível o número de paradas dos olhos em cada linha do texto. Dado que cada palavra não costuma ter sentido por si só, quanto mais palavras abarcarmos de uma única olhada, mais facilitaremos o processo mental e, ao mesmo tempo, maior velocidade estaremos imprimindo à leitura (Figura 4.4).

Figura 4.4 – Movimento das fixações no processo de leitura

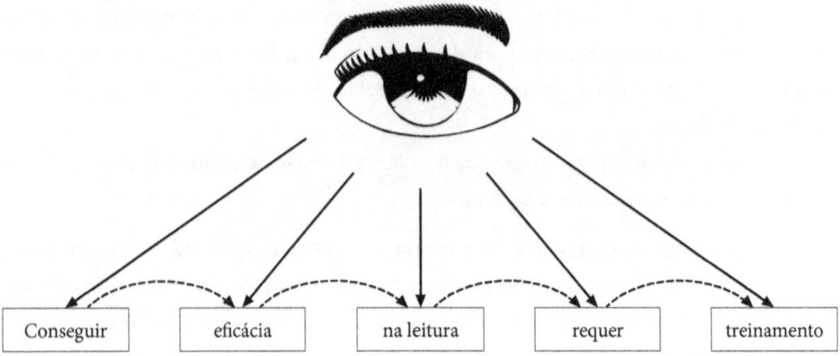

| Conseguir | eficácia | na leitura | requer | treinamento |

Na leitura, os olhos vão se movendo ao golpe das sucessivas e brevíssimas paradas, abarcando fixamente, em cada uma dessas paradas, um determinado número de palavras. Quanto mais, melhor. Essas paradas são chamadas *golpe de vista*, *fixação*, *feixe* ou *espaço de reconhecimento* etc. Leve em conta que o olho lê apenas quando para um brevíssimo instante. Pois bem, o número de paradas por linha depende da idade, da cultura pessoal, do treinamento e domínio de leitura de cada estudante.

> *O estudante pode observar o movimento olhando para os olhos de outro colega quando estiver lendo e apreciar as fixações que realiza. Deve-se ter em conta que, **quanto menos fixações forem realizadas em cada linha, com maior rapidez se passará à linha seguinte e, com isso, ganha-se muito tempo, seja para poder ler maior quantidade de páginas, seja para utilizar esse tempo em outras atividades.***

Muitos dos **defeitos** de uma leitura ruim estão associados a seu processo fisiológico. São erros na mecânica da leitura que retardam ou entorpecem sua adequada execução. No Quadro 4.2, podemos analisar os erros mais frequentes. Observe, estudante, se sua leitura tem alguns deles.

Nas linhas seguintes, representamos a trajetória do movimento dos olhos na leitura, em que podemos apreciar a diferente capacidade de cada fixação quanto ao número de palavras que podemos abarcar.

| Ensine a estudar... aprenda a aprender

Figura 4.5 – Trajetória do movimento dos olhos na leitura

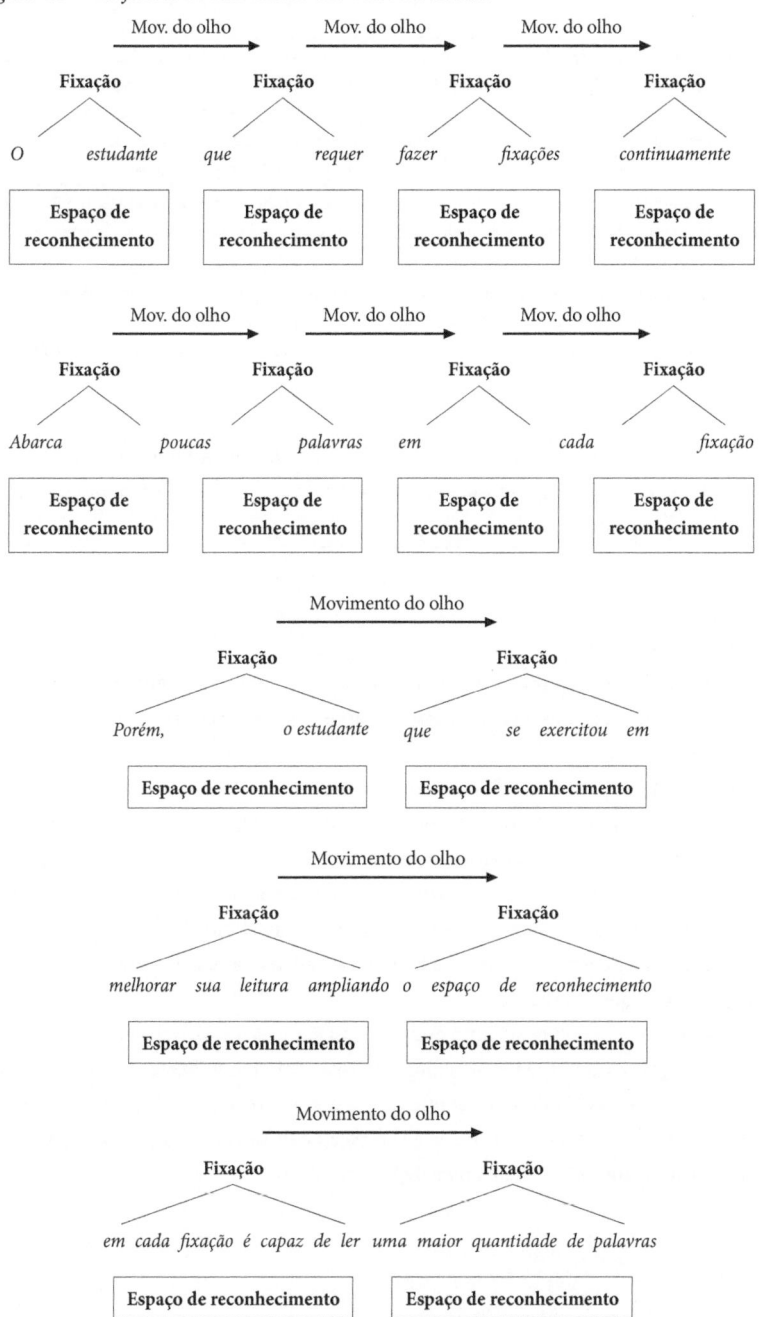

```
         Mov. do olho →      Mov. do olho →      Mov. do olho →
    Fixação            Fixação            Fixação            Fixação
   /      \           /      \           /      \           /      \
  O      estudante   que     requer    fazer   fixações   continuamente
[Espaço de         [Espaço de         [Espaço de         [Espaço de
reconhecimento]    reconhecimento]    reconhecimento]    reconhecimento]

         Mov. do olho →      Mov. do olho →      Mov. do olho →
    Fixação            Fixação            Fixação            Fixação
   /      \           /      \           /      \           /      \
 Abarca   poucas    palavras            em      cada              fixação
[Espaço de         [Espaço de         [Espaço de         [Espaço de
reconhecimento]    reconhecimento]    reconhecimento]    reconhecimento]

              Movimento do olho →
        Fixação                  Fixação
       /      \                 /       \
   Porém,  o estudante    que   se  exercitou   em
[Espaço de reconhecimento]   [Espaço de reconhecimento]

              Movimento do olho →
        Fixação                  Fixação
       /      \                 /       \
 melhorar sua leitura ampliando o  espaço  de  reconhecimento
[Espaço de reconhecimento]   [Espaço de reconhecimento]

              Movimento do olho →
        Fixação                  Fixação
       /      \                 /       \
 em cada fixação é capaz de ler uma maior quantidade de palavras
[Espaço de reconhecimento]   [Espaço de reconhecimento]
```

Quadro 4.2 – Defeitos do mau leitor

Excessivo número de fixações: em cada pausa ou *fixação*, os bons leitores veem várias palavras ao mesmo tempo, ao passo que um leitor medíocre vê uma só palavra ou menos, fazendo várias fixações por linha.	**Regressões**: consistem em voltar atrás. Pode ser desculpável apenas quando o texto de leitura é difícil. Normalmente, deve-se ao fato de não haver domínio do mecanismo de leitura ou falta de atenção durante o processo.
Acompanhar as palavras com o dedo, o lápis, a caneta, a régua etc. diminui a velocidade dos olhos.	**Mexer a cabeça em vez dos olhos**: o mau leitor mexe a cabeça à medida que avança na linha de um texto.
Vocalização: consiste em pronunciar as palavras lidas. A rapidez dos olhos é bem maior que a dos lábios.	**Subvocalização**: consiste em ir pronunciando mentalmente as palavras que se leem. Lê-se bem mais depressa que se vocaliza ou subvocaliza.

> Um dos **erros mais comuns** em velocidade de leitura é o **movimento de cabeça na direção esquerda-direita** à medida que se vai lendo, um hábito que **produz cansaço e abandono** prematuro da leitura.

3.3.2 Leitura compreensiva

A **compreensão de leitura** é a capacidade de captar o significado completo de uma mensagem transmitida por um texto lido. Para compreender, é necessário adotar uma atitude reflexiva, crítica e ativa.

A **leitura eficaz** precisa de uma perfeita harmonização e conjunção entre **velocidade** e **compreensão**. A chave está em ler de maneira **muito atenta**, com absoluta **concentração**, em disposição claramente **receptiva** aos conteúdos que o texto oferece e um pouco mais rápido do que temos por costume. Mas nem sempre é melhor leitor e mais eficaz aquele que lê mais rápido, mas sim aquele que, sem reduzir muito a velocidade, compreende mais de 80% do conteúdo do texto e, ao mesmo tempo, sabe adaptar a velocidade ao tipo de leitura e aos objetivos a que se propõe.

A compreensão de leitura significa que a mensagem seja assimilável pelo estudante e lhe permita integrar o novo ao já conhecido. Para isso, é imprescindível que tenha em conta o estilo, as expressões técnicas etc. contidas no texto. O processo mental de compreensão de leitura está intimamente relacionado à **formação cultural** do estudante, ao domínio do **vocabulário** e a uma adequada **técnica de leitura** (Figura 4.6).

Figura 4.6 – Esquema do processo de leitura compreensiva

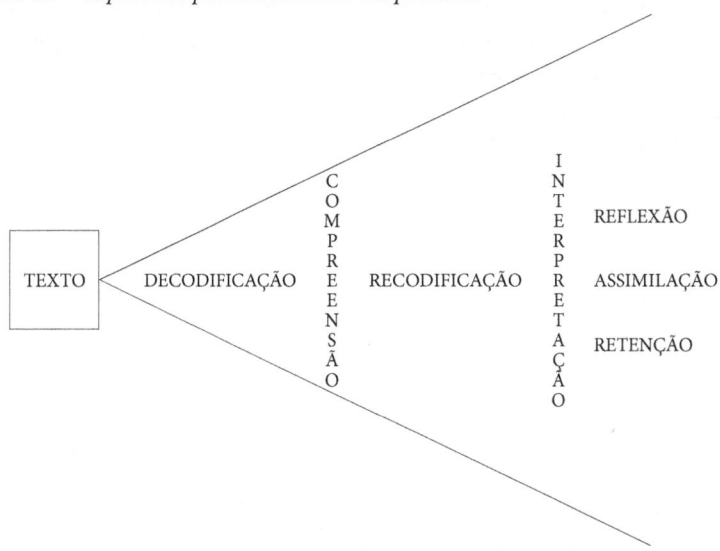

```
                    COMPREENSÃO          INTERPRETAÇÃO
                                                          REFLEXÃO
TEXTO → DECODIFICAÇÃO → RECODIFICAÇÃO → ASSIMILAÇÃO
                                                          RETENÇÃO
```

3.4 Melhoria da eficácia de leitura

Nunca se insistirá o suficiente na importância da leitura na aprendizagem escolar e no posterior desenvolvimento profissional. Em consequência, o primeiro passo a ser dado por qualquer estudante que realmente queira melhorar as condições de estudo é voltar a **aprender a ler**, agora com rapidez, despojando-se das sequelas naturais de qualquer aprendizagem superficial. Sua preocupação deve ser conhecer e dominar o processo que levará a uma melhor compreensão de um texto, ou seja, captar de maneira adequada o pensamento do autor. No estudo, trata-se de encontrar as ideias principais mantidas pelo autor onde quer que estejam. As palavras em si não interessam, o que importa é encontrar rapidamente as ideias essenciais e a estrutura do texto.

A seguir, propomos algumas orientações e exercícios práticos, dentro do limite destas páginas, que serão de grande utilidade ao estudante que se propuser a melhorar seu domínio atual de leitura. O sucesso ou o fracasso na melhoria da leitura vai depender de sua capacidade de assimilação das propostas e de sua constância na execução dos exercícios práticos com esse fim.

> *Essas **orientações** não têm um efeito **milagroso**. Quem consegue o milagre é a força de vontade do estudante. Mas, podemos afirmar que **a melhoria da leitura pode significar, para um estudante, a possibilidade de chegar a ler dois ou três livros em um tempo em que antes só conseguia ler um**. Esses exercícios não vão lhe ocupar mais de quinze minutos por dia.*

3.4.1 Como melhorar a velocidade na leitura
Orientações

Pôr em prática as seguintes orientações, entre outras, contribui decisivamente para a melhoria da leitura:

- **Passar os olhos pela parte superior das palavras**, visto que nosso alfabeto é mais bem identificado pela parte superior das letras.
- **Esforçar-se para ler com a maior rapidez possível**: não ter medo de ler mais depressa. É questão de esforço e empenho.
- Ter a precaução de que a **posição do livro seja perpendicular aos olhos**, para não ter que se curvar muito sobre ele.
- **Ajustar a velocidade à dificuldade do texto**: o bom leitor muda seu ritmo de leitura sempre que necessário, em função da compreensão que tem de atingir.
- **Reduzir ao máximo as fixações e eliminar por completo as regressões**: ao ler, os olhos não se movimentam uniformemente, mas sim aos saltos, abarcando várias palavras e, às vezes, uma frase inteira. Devemos nos esforçar para reduzir ao mínimo as fixações e abarcar o maior número de palavras possível em cada uma delas. Não devemos fazer mais de três ou quatro fixações em um texto de velocidade normal (linhas com cerca de dez palavras).
- **Não pronunciar as palavras ao ler nem seguir a linha com o movimento da cabeça ou com o dedo**: os movimentos dos olhos são muito mais rápidos que os dos lábios ou da cabeça.
- **Captar as ideias**, não se preocupando com o resto. Tentar ler unidades de pensamento, não as palavras soltas.

Exercícios

I. **Técnica das primeiras e últimas palavras**
Este exercício pode ajudar a reduzir o número de fixações realizadas habitualmente. Deve-se escolher um texto, a página de um livro de ensaio, por exemplo:
> Procurar lê-lo o mais rápido possível, mas só se deve ler a **primeira** e a **última** palavra de cada linha.
> Posteriormente, pegar outra página e fazer o mesmo, mas lendo as **duas primeiras** e as **duas últimas** palavras de cada linha. Depois, as **três primeiras** e as **três últimas**.

Para **diminuir o número de fixações**, o estudante deverá ampliar seu campo visual. Os exercícios seguintes podem ajudá-lo a ampliar o campo de reconhecimento em cada fixação:
> **Fixar a vista em uma palavra situada no centro de uma linha**: sem mover os olhos dessa posição, procurar abarcar a maior quantidade de palavras que se possam distinguir ou reconhecer, tanto à direita como à esquerda, e fazer um sinal nesse limite. Repetir esse exercício em várias linhas de um texto.
> **Marcar quatro pontos mais ou menos equidistantes** na primeira linha de uma página e procurar ler a linha fixando a vista apenas nas marcas colocadas. Depois, ler as linhas subsequentes da página seguindo essa mesma distribuição de fixações.

II. **Técnica do cartão-postal**
Esta técnica consiste em pegar um **cartão-postal**, que será utilizado para forçar os olhos a ler mais depressa. Pode-se utilizar como texto a página de um livro.
O cartão-postal deve ser colocado debaixo da linha que se está lendo e deve ser deslocado linha a linha, para baixo, no texto, procurando-se:
> **aumentar progressivamente** a rapidez de leitura;
> **ler cada linha com apenas três ou quatro golpes de vista** (*fixações*);
> **não reler o que já foi lido**.

III. **Técnicas para exercitar a velocidade na leitura**
  a. Técnica das três páginas:
> Pegar três páginas de um livro que tenham aproximadamente a mesma extensão em número de palavras.
> **Ler as três páginas** do seguinte modo:
>> a **primeira página** na velocidade normal, com que se costuma ler habitualmente;
>> a **segunda página** na maior velocidade possível, sem se preocupar em entender o que se lê;

> a **terceira página** na maior velocidade que se conseguir, mas procurando-se entender o que se lê.
> Controlar o **tempo que se leva** para ler a **terceira página** e montar um gráfico dos tempos empregados a cada dia. Observar a melhoria progressiva na velocidade e ver como diminui o tempo empregado. Utilizar o Gráfico A.
> Treinar esse exercício uma vez por dia (cinco vezes por semana) e em períodos de quinze dias, distanciados entre si por alguns dias de descanso.

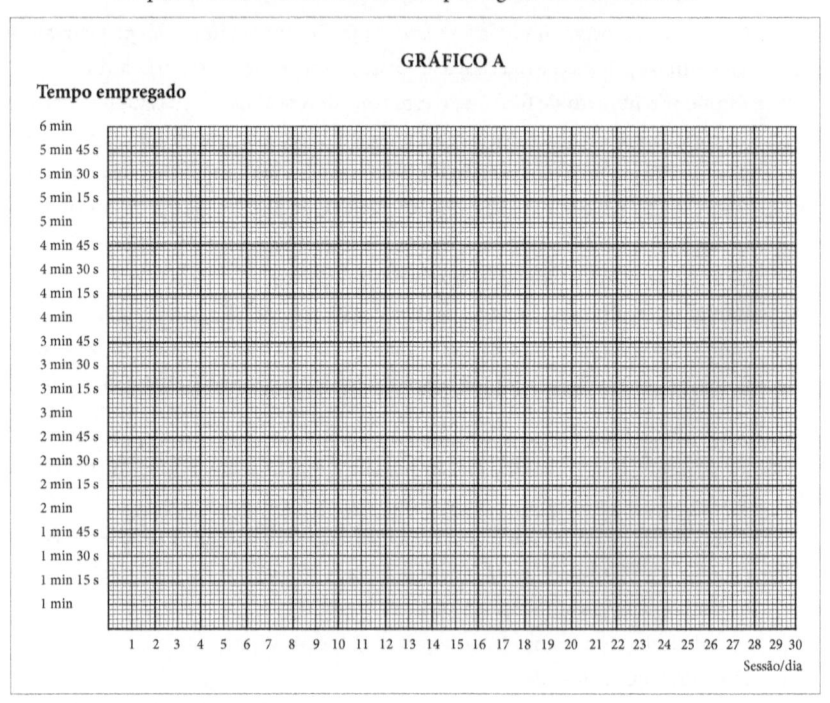

GRÁFICO A

Tempo empregado

(eixo Y: de 1 min a 6 min em intervalos de 15 s; eixo X: Sessão/dia, de 1 a 30)

> Para realizar este exercício, convém utilizar, no início, leituras fáceis (romances, biografias etc.) e progressivamente leituras mais difíceis.

b. A proposta de outro exercício similar é o seguinte:
> Comprometer-se a ler todos os dias, durante cinco minutos, um livro ou texto de leitura fácil, na maior velocidade possível.
> Contando o número de palavras que, em média, cabem em duas ou três linhas do texto, será fácil saber o número de palavras lidas durante o período determinado, multiplicando o número de linhas lidas pelo número de palavras que cabem em cada linha.

| Ensine a estudar... aprenda a aprender

> Registrar o resultado em um gráfico, para que possam ser observados os avanços que vão sendo realizados. É para isso que serve o Gráfico B.

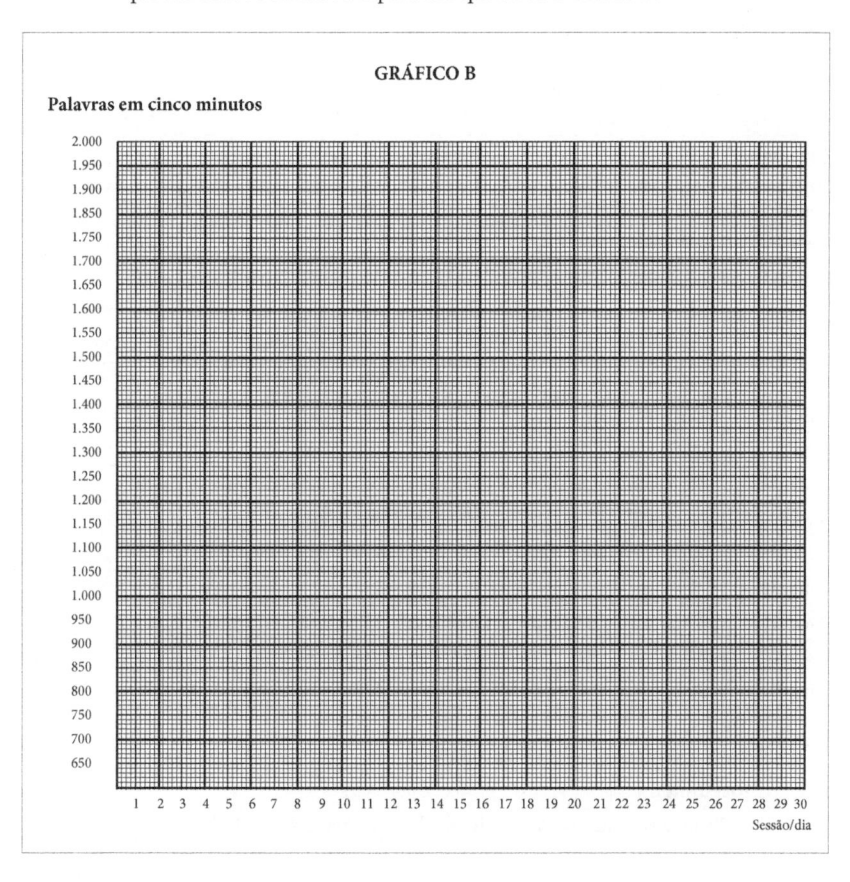

GRÁFICO B

Palavras em cinco minutos

(eixo vertical: 650 a 2.000, em intervalos de 50; eixo horizontal: 1 a 30 — Sessão/dia)

c. Quadro para calcular a velocidade na leitura

> *Relacionar o número de palavras do texto (primeira linha horizontal) com o número de minutos empregados (primeira coluna vertical). Na interseção de ambas, obtém-se o **número de palavras por minuto** que um aluno foi capaz de ler em cada exercício que realizou.*

Por exemplo, como vemos no Quadro 4.3, se lemos um texto que tem **600 palavras** e se levamos **3 minutos** para lê-lo, podemos observar que a **velocidade na leitura** foi de **200 palavras** por minuto.

Tabela para calcular a velocidade na leitura

Número de minutos empregados	Número de palavras do texto											
	250	300	350	400	450	500	550	600	650	700	800	900	1000
1 min	250	300	350	400	450	500	550	600	650	700	800	900	1000
1 min 15 s	200	240	280	320	360	400	440	480	520	560	640	720	800
1 min 30 s	167	200	233	267	300	330	336	400	433	460	530	600	667
1 min 45 s	134	170	198	228	256	285	313	340	368	400	452	512	570
2 min	125	150	175	200	225	250	275	300	325	350	400	450	500
2 min 15 s	110	133	155	178	200	225	247	265	287	310	355	400	444
2 min 30 s	100	120	140	160	180	200	220	240	260	280	320	360	400
2 min 45 s	90	110	128	146	165	180	200	218	247	255	290	325	364
3 min	83	100	117	133	150	165	182	**200**	217	232	265	300	333
3 min 15 s	77	92	107	123	138	155	170	185	200	215	145	276	308
3 min 30 s	71	85	100	114	130	145	157	170	185	200	230	256	286
3 min 45 s	67	80	93	106	120	135	148	160	173	186	215	240	266
4 min	57	75	82	100	107	125	132	150	157	175	200	225	250
5 min	50	60	70	80	90	100	110	120	130	140	160	180	200

d. **Exercício coletivo**, em sala de aula:
   Procedimento:
   › Propor aos alunos a necessidade de aumentar a velocidade e a compreensão de leitura.
   › Indicar o círculo que representa o fato de que ler mais depressa pode aumentar a atenção e a compreensão e que, quando aumentam a atenção e a compreensão, aumenta a velocidade.
   › Expor os condicionantes de uma leitura veloz:
      › procurar ler, forçando um pouco a velocidade;
      › estar atento à parte superior das letras;
      › tentar perceber as palavras como um todo;
      › captar várias palavras ao mesmo tempo;
      › ter sempre em mente o que deve entender em qualquer ideia: *Quem? Como? Quando? O quê? A quem? Onde? Por quê?*;

| Ensine a estudar... aprenda a aprender

> notar as ideias principais do texto;
> em geral, levar muito em conta o início, a proposição e o final do texto, as conclusões;
> captar a mensagem global do texto;
> certificar-se do significado de cada palavra.

Na ficha a seguir, podemos anotar os resultados das provas realizadas. Serve para verificarmos os progressos alcançados.

Número da prova	Data	Observações	Palavras por minuto
1			
2			
3			
4			
5			
6			
7			
8			
9			
10			
11			
12			
13			
14			
15			
16			
17			
18			
19			
20			
21			
22			
23			
24			

Aplicação de uma prova de velocidade de leitura

› Depois de dar algumas diretrizes sobre as técnicas de velocidade de leitura, entrega-se o documento que vai ser lido, voltado para baixo, para que todos comecem ao mesmo tempo, quando avisar.

› Explica-se que vai ser feita no quadro-negro uma marca a cada 5 segundos e que elas serão unidas por uma horizontal a cada meio minuto, com um exemplo:

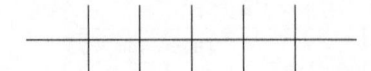

› Indica-se que o texto vai ser lido o mais depressa possível, mas obtendo-se também o máximo de compreensão. Quando os alunos acabarem, deverão deixar o texto outra vez voltado para baixo.

› Explica-se que, quando acabarem de ler, devem ver na lousa quantos minutos e segundos utilizaram para a leitura do texto.

Quando todos terminarem de ler e de anotar o tempo empregado, o professor pede que contem as cem primeiras palavras do texto. Quando identificarem a palavra de número 100, contam as linhas ocupadas por essas primeiras cem palavras. Contam as linhas do texto e, por uma regra de três, calculam aproximadamente quantas palavras tem o texto que leram: se tantas palavras do texto foram lidas em tantos segundos, quantas palavras foram lidas por minuto.

As medidas objetivas que serão obtidas são três:

› *velocidade*: número de palavras por minuto, por exemplo: 180 palavras por minuto;
› *compreensão*: pontuação de 0 a 10, se forem dez questões;
› *eficácia*: velocidade por compreensão dividida por 100.

Julgando oportuno, cada aluno vai dizendo quantas palavras lê por minuto.

Depois, são propostas, para essa ou para outra sessão, as técnicas de treinamento que permitirão aumentar a velocidade de leitura e, consequentemente, a melhoria da compreensão.

Resumo das técnicas de leitura

› *Leitura superficial ou ligeira* – Lê-se depressa para captar "por cima" aquilo de que trata o que se lê. O objetivo é identificar a ideia principal e ver que importância pode ter o conteúdo. É normal quando se alcança uma velocidade de mais de quatrocentas palavras por minuto, e será eficaz quando se atingir o objetivo de identificar o tipo de informação e até mesmo a ideia fundamental.

› *Leitura corrente* – É a que se emprega de maneira normal quando se lê um aviso, um jornal, um romance divertido, até mesmo livros didáticos sobre temas familiares. Uma compreensão de mais de 70% é suficiente, e a velocidade de trezentas palavras por minuto é bastante adequada.

› *Leitura de assimilação* – É mais lenta e atenta, e a velocidade depende muito da dificuldade do conteúdo e do treinamento do leitor. Uma pessoa não especialmente treinada pode alcançar duzentas palavras por minuto e, se a compreensão for de pelo menos 70%, considera-se suficiente segundo o caso.

Correção dos defeitos mais frequentes

Pode-se propor aos alunos que revisem sua leitura e observem seus defeitos mais frequentes, considerando os critérios a seguir ou outros semelhantes:

Pense agora em como leu o texto:

› Se leu bem, deve ter captado as palavras pelo menos de três em três, e não de uma em uma.
› As palavras são vistas inteiras, como um desenho, e não sílaba por sílaba.
› Os olhos deslizarão por cima das palavras, porque assim se lê mais depressa e fluente.
› Você não deve ter voltado na leitura porque precisava captar algum detalhe.
› Reconhecia quase todas as palavras com muita precisão porque está acostumado a usar muito o dicionário.
› Não mexia os lábios nem sequer pronunciava as palavras para si mesmo.
› Não precisou acompanhar as linhas com o dedo ou com um lápis ou caneta.
› Não tinha medo de correr e está acostumado ao paradoxo: uma leitura veloz pode ser mais compreensiva e eficaz que uma leitura lenta.

Exercícios de leitura veloz

O aluno pode contar as palavras aproximadas de um artigo ou capítulo que lhe interesse. Tentará ler sempre em seu limite de velocidade, forçando um pouco, mas sem perder o fio da compreensão. Depois, registrará sua velocidade em palavras por minuto, sua compreensão do que foi lido e a eficácia de leitura. Fará um gráfico similar ao que segue e comprovará que pode duplicar sua velocidade de leitura em umas vinte sessões de dez a vinte minutos cada uma.

ppm (*)	Sessões																			
	1	2	3	4	5	6	7	8	9	10	11	12	13	14	15	16	17	18	19	20
500																				
450																				
400																				
350																				
300																				
250																				
200																				
150																				
100																				
50																				

(*) ppm: palavras lidas por minuto

IV. Exercícios de ampliação do espaço de reconhecimento de cada fixação

a. Exercícios de **ampliação do espaço de reconhecimento** – Fixar o olhar **apenas no asterisco** central de cada linha e tentar identificar cada um dos elementos que a compõem.

```
                    *
              9 * 6
            8 7 * 3 4
          1 7 2 * 6 5 8
        8 2 3 7 * 9 3 6 4
      9 4 8 6 5 * 7 5 6 2 7
    2 8 6 9 5 3 * 8 5 9 3 6 2
  7 5 9 6 2 4 8 * 9 4 7 3 4 2 7
```

```
         *
        Se
         *
    quisermos
         *
    aumentar
         *
    a velocidade
         *
    na leitura
         *
    temos de ampliar
         *
    o espaço do reconhecimento
```

b. **Exercícios para eliminar as fixações** – Procurar não realizar mais de duas fixações por linha.

*	*
Ler	velozmente
proporciona	possibilidades
que uma	leitura lenta
não permitiria,	não só
em informação,	como também
em estudos,	em avaliações,
críticas e	em treinamento.

3.4.2 Como melhorar a compreensão da leitura

Orientações

> - **Ler com rapidez** evita as distrações e exige mais atenção.
> - **Fixar-se nas ideias**, não nas palavras. As palavras são o suporte das ideias. É preciso deslizar sobre as palavras em busca da mensagem que encerram, fixando-se em sua **parte superior**. A **parte inferior** das palavras não facilita a identificação com a mesma facilidade, como podemos apreciar no exemplo a seguir.

Identificação de palavras

> Como está comprovado, lemos melhor as letras pela parte superior. As letras são identificadas pela parte de cima porque são mais diferentes entre si que pela parte inferior. Pela parte de baixo, confundem-se porque são todas mais iguais. Por exemplo, a letra n e a letra a na parte inferior são quase iguais, ao passo que pela parte de cima vemos que na letra n o círculo está para a direita, e a letra a tem o círculo para a esquerda.

> - **Procurar não vocalizar**, visto que, além de retardar a leitura, isso dificulta captar ideias. A necessidade de pronunciar as palavras para compreendê-las é próprio dos primeiros estudos da aprendizagem infantil. A **leitura adulta**, como deve ser a do estudante, já eliminou os processos intermediários da leitura infantil, tal como se mostra na Figura 4.7.

> **Não ler todas as palavras**: captar as ideias e o sentido do texto com uma **atitude ativa e crítica**. Perguntar-se interiormente pelo sentido das afirmações do autor, as razões em que se baseia etc.
> **Ler os gráficos, os esquemas, as ilustrações** etc., visto que são elementos complementares ou explicativos que facilitam a compreensão de forma visual, reforçando o indicado no texto.
> **Ampliar o vocabulário**, acostumando-se a utilizar o **dicionário** sempre que ler ou ouvir uma palavra cujo significado desconheça. Um texto no qual se conhecem todos os termos é muito mais fácil de ler e compreender.
> **Fomentar a leitura** de todo tipo de temas até reunir um vocabulário amplo. O conhecimento das **línguas clássicas** é de grande utilidade para conhecer a etimologia e o significado das palavras.

Ver e analisar as Figuras 4.8, 4.9, 4.10, 4.11, 4.12 e 4.13.

Sinais para aproveitar melhor a leitura

*Para **melhorar o domínio da leitura e atingir a máxima eficácia** (velocidade e compreensão), o estudante deve prestar atenção a determinadas construções ou palavras que indicam o desenvolvimento e o sentido do conteúdo de um texto:*

> ***Palavras de ampliação***: *indicam que haverá mais informação sobre as ideias ou o tema que o autor vem desenvolvendo: "também...", "além disso...", "do mesmo modo...", "e...", "inclusive...", "mais...", "novamente...", "por outro lado...", "mais ainda..."* etc.
> ***Palavras de precaução***: *indicam que é preciso se deter para captar melhor uma mudança de ideia ou um matiz que ocorre no conteúdo do texto: "mas...", "pois bem...", "não obstante...", "embora...", "apesar de...", "porém..."* etc.
> ***Palavras de conclusão***: *indicam que se chega a um resumo ou conclusão sobre o que foi expresso anteriormente: "assim...", "portanto...", "segundo isso...", "por conseguinte...", "em resumo..."* etc.

Figura 4.7 – Leitura infantil e leitura adulta

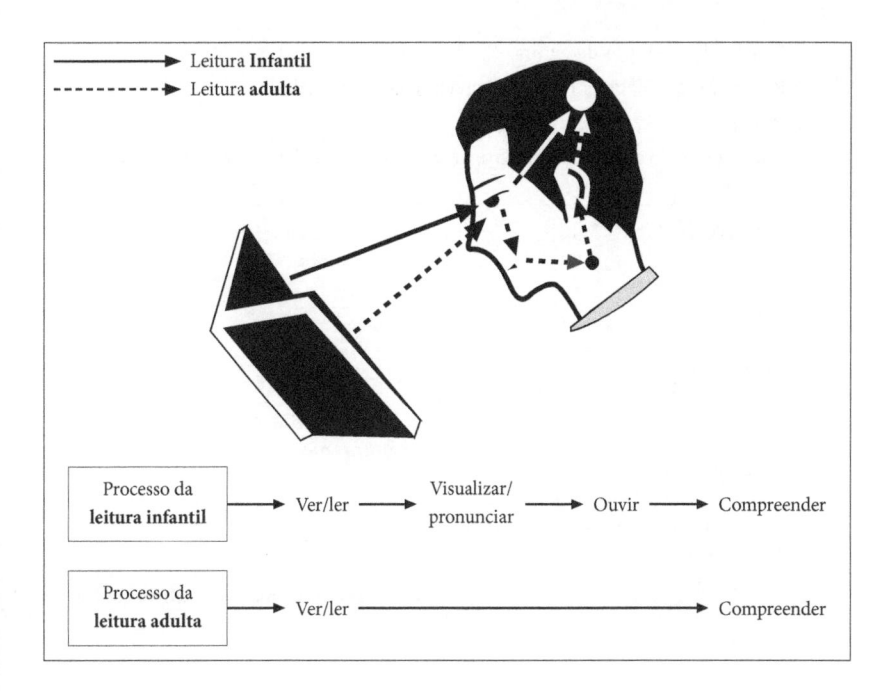

```
———▶ Leitura Infantil
- - - - - -▶ Leitura adulta
```

| Processo da **leitura infantil** | ▶ Ver/ler ▶ Visualizar/pronunciar ▶ Ouvir ▶ Compreender |

| Processo da **leitura adulta** | ▶ Ver/ler ──────────────▶ Compreender |

Exercícios

O exemplo mais habitual de leitura compreensiva é o que corresponde a uma **leitura de estudo**. Para estudar uma lição ou um tema, seguem-se certos passos, que desenvolveremos detalhadamente em outra unidade e que aqui tocaremos brevemente.

Tomamos um tema de estudo e, depois de realizar uma leitura rápida, voltamos a lê-lo *de forma mais atenta e reflexiva*, parando para:

› **analisar o significado do título** do tema ou da lição;
› **ler e interpretar os gráficos**, os esquemas, as ilustrações etc.;
› **consultar no dicionário** as palavras desconhecidas;
› **identificar as palavras fundamentais**;
› **formular as perguntas** que o tema ou a lição sugere;
› **sintetizar as ideias** em um esquema ou resumo final.

3.4.3 Leitura compreensiva de um livro

Objetivos:
› Desenvolver hábitos de leitura.
› Resumir o que depreendeu e compreendeu da leitura do livro.

Atividades:
› Cada vez que o aluno ler um livro, preencherá uma ficha similar à seguinte:

ALUNO/LEITOR: _____

1. **Data**
   Autor: _____
   Título do livro: _____
   Editora: _____
   Local: _____ Ano: _____

2. **Vocabulário**
   2.1 Leia atentamente o texto e procure no dicionário as palavras que desconheça.
   2.2 Escreva a definição dessas palavras que não conhece.
   _____
   _____
   _____
   _____

   2.3 Tema: diga brevemente a ideia fundamental do livro.
   _____
   _____

3. **Argumento**
   Resuma o argumento da obra por meio do qual a ideia principal é desenvolvida.
   _____
   _____

4. **Personagens**
   4.1 Descreva o protagonista da obra e suas características.
   _____
   _____
   _____

   4.2 Personagens importantes e suas características.
   _____
   _____
   _____

5. **Descreva o ambiente no qual se desenrolaram os fatos.**
   _____
   _____
   _____

6. **Escreva sua opinião sobre o livro que leu.**
   _____
   _____
   _____

7. **O que mais lhe agradou no livro?**
   _____
   _____
   _____

8. **Se tivesse que mudar o título, qual lhe daria?**
   _____
   _____
   _____

| Ensine a estudar... aprenda a aprender

Figura 4.8 – Técnicas para utilizar um material impresso

EXAMINAR	VER	LER RAPIDAMENTE
› prólogo › autor › data de publicação › menções › notas › bibliografia	› índices › tópicos › resumos › primeiro parágrafo › último parágrafo › etc.	› segundo normas e práticas de rapidez de leitura

Figura 4.9 – Sete chaves para compreender a leitura

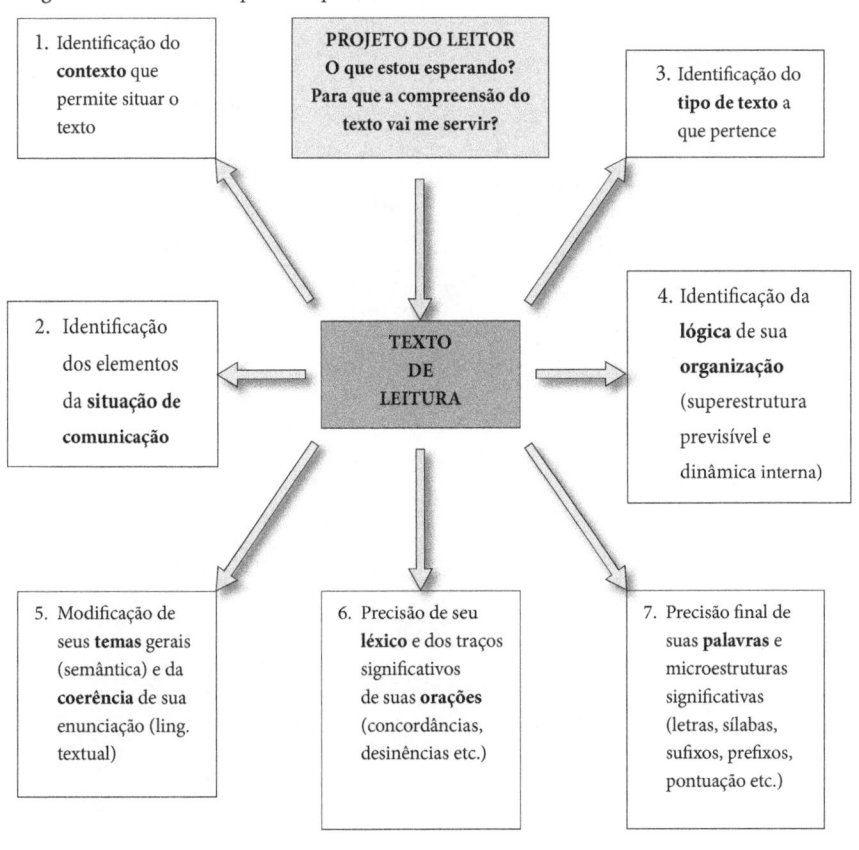

1. Identificação do **contexto** que permite situar o texto

PROJETO DO LEITOR
O que estou esperando?
Para que a compreensão do texto vai me servir?

3. Identificação do **tipo de texto** a que pertence

2. Identificação dos elementos da **situação de comunicação**

TEXTO DE LEITURA

4. Identificação da **lógica** de sua **organização** (superestrutura previsível e dinâmica interna)

5. Modificação de seus **temas** gerais (semântica) e da **coerência** de sua enunciação (ling. textual)

6. Precisão de seu **léxico** e dos traços significativos de suas **orações** (concordâncias, desinências etc.)

7. Precisão final de suas **palavras** e microestruturas significativas (letras, sílabas, sufixos, prefixos, pontuação etc.)

Figura 4.10 – Elementos que facilitam a compreensão da leitura

- Elementos que facilitam a compreensão da leitura
  - ...O aluno deve aprender a...
    - DESCREVER
    - DEFINIR
    - CLASSIFICAR
    - COMPARAR
    - INDUZIR
  - ...O aluno deve aprender a...
    - DEDUZIR
    - ANALISAR
    - SINTETIZAR
    - RELACIONAR
    - SUBMETER À DISCUSSÃO
    - FAZER AVALIAÇÃO CRÍTICA

| Ensine a estudar... aprenda a aprender

Figura 4.11 – Ajuda do professor

ESTRATÉGIAS PARA DESENVOLVER A COMPREENSÃO DE LEITURA

- Realize com os alunos atividades para exercitar as operações do pensamento.
- Crie situações para pôr em prática o que foi aprendido.
- Peça aos alunos para criarem analogias (imagens).
- Peça aos alunos que expliquem conceitos já aprendidos.
- Se o texto for complexo, peça aos alunos que:
  › leiam com menor velocidade;
  › leiam parágrafo a parágrafo;
  › formem imagens mentais;
  › predigam conteúdos;
  › procurem significados.
- Peça aos alunos para expressarem com suas próprias palavras, substantivos ou adjetivos.
- Mostre aos participantes a organização da história que leem.
- Peça para procurarem frases, palavras-chave e nexos.

Figura 4.12 – Estratégias de leitura compreensiva para aplicar em atividades em grupo

Construir momentos e espaços para a leitura em voz alta

- Aprender a gostar da leitura.
- Saber ler para que os outros aproveitem e saber ouvir para aproveitar.
- Preparar esses momentos.

Atividades de consolidação para as palavras e suas estruturas

- Escrever a sílaba que falta no início, no meio ou no final de palavras conhecidas.
- Marcar e indicar em um texto.

Para a forma como se usa a língua no texto

- Classificar os textos.
- Detectar erros de tempo no texto escrito e no tempo passado.
- Marcar com um lápis as diversas formas como é citado um personagem no decorrer do texto.

Para as frases e as orações

- Reordenar uma operação, apoiando-se em diversas chaves, explicitando as estratégias e as chaves usadas.
- Detectar erros de concordância.
- Destacar o texto.

Figura 4.13 – Oito eixos que configuram a estratégia de melhoria da leitura compreensiva

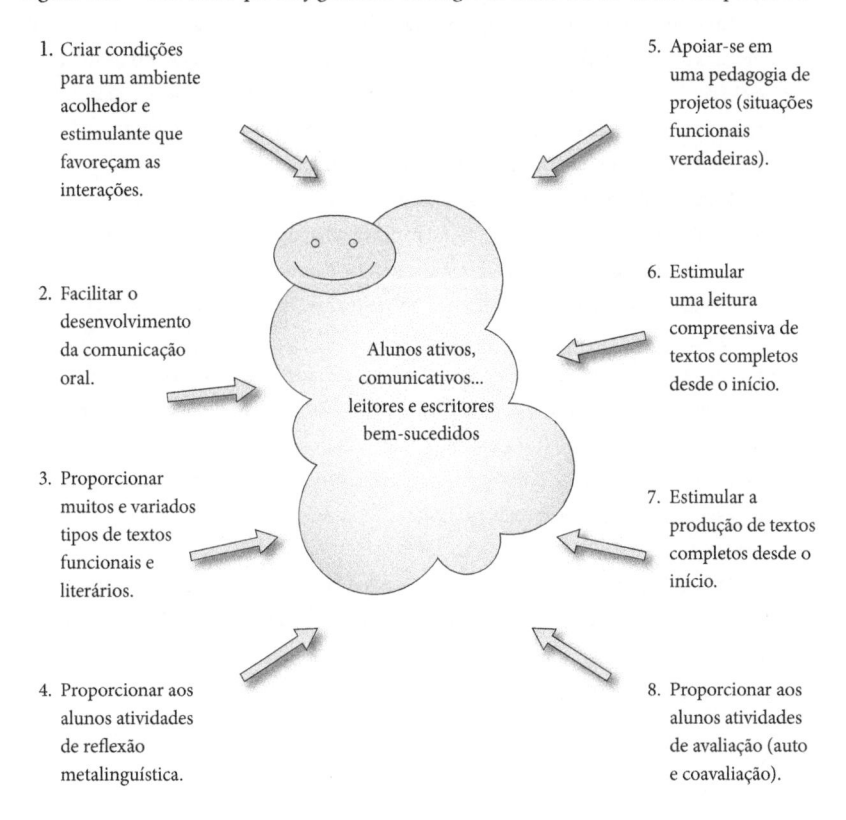

1. Criar condições para um ambiente acolhedor e estimulante que favoreçam as interações.

2. Facilitar o desenvolvimento da comunicação oral.

3. Proporcionar muitos e variados tipos de textos funcionais e literários.

4. Proporcionar aos alunos atividades de reflexão metalinguística.

5. Apoiar-se em uma pedagogia de projetos (situações funcionais verdadeiras).

6. Estimular uma leitura compreensiva de textos completos desde o início.

7. Estimular a produção de textos completos desde o início.

8. Proporcionar aos alunos atividades de avaliação (auto e coavaliação).

Alunos ativos, comunicativos... leitores e escritores bem-sucedidos

3.5 Tipos de leitura

As leituras que um estudante tem de realizar são de diversos tipos e sobre **textos de diferentes características**. Conforme a finalidade a que se proponha, as necessidades que tiver ou a dificuldade do texto, deve realizar um tipo de leitura diferente para que esta seja eficaz. Cada estudante possui um **ritmo de leitura** diferente, dependendo de suas aptidões intelectuais, de sua forma de ser e da perícia de leitura que possua. De qualquer maneira, o ritmo pode melhorar com o exercício e variará conforme o tipo de leitura que precisar realizar. Enfim, o **ritmo de leitura** será aquele que, em cada caso, determine a necessária adequação e o acompanhamento da velocidade e a compreensão do texto que precise ler.

Os **tipos de leitura** mais habituais para o estudante são os seguintes (ver Quadro 4.3):
› **Leitura de estudo** – Exige um ritmo equilibrado entre velocidade e compreensão, descansado e cuidadoso, visto que sua finalidade é assimilar o conteúdo de um tema e chegar à aprendizagem. Como complemento, a leitura de repasse é utilizada para reforçar a leitura do estudo sistemático, e seu ritmo pode ser mais rápido, visto que só atenta ao fundamental e procura atualizar conteúdos já compreendidos.
› **Leitura de informação** – Serve para conhecer ou descobrir fragmentos importantes aos quais depois vai voltar, bem como para ter uma ideia geral do texto e verificar se vale a pena ou não voltar a ele. O estudante utiliza esse tipo de leitura para procurar respostas a uma série de perguntas que ele formulou em relação ao conteúdo de um tema.
› **Leitura explorativa** ou de consulta – Permite formar uma visão rápida, pontual ou de conjunto. Nessa leitura, determinam-se as passagens sobre as quais se deve fazer um trabalho: esclarecer dúvidas, ampliar conteúdos, verificar dados etc.
› **Leitura crítica ou de análise** – Visa à realização de uma avaliação daquilo que se lê. Esse tipo de leitura requer mais atenção e, portanto, o ritmo será mais lento, pausado e reflexivo.
› **Leitura de distração ou de lazer** – não precisa de uma grande atenção. A ela se presta uma atenção difusa, e o ritmo costuma ser rápido. É realizada por gosto literário e costuma ser sobre algum tema que, para o leitor, tem especial interesse cultural ou estético.

Quadro 4.3 – Tipos de leitura

Tipo de leitura / Texto e ritmo de leitura	Texto impresso ou eletrônico	Ritmo de leitura Relação velocidade-compreensão
De entretenimento › Por prazer › Por gosto › Passatempos	Revistas Jornais Propagandas	*Máxima velocidade*, com compreensão de 50% do que foi lido, aproximadamente. Grande rapidez com pouca atenção.
De consulta › Ampliar › Buscar › Esclarecer › Repassar	Dicionários Arquivos Livros de consulta	*Grande velocidade*, com máxima atenção para localizar a informação desejada e satisfazer a busca. Rápida visão geral.
De literatura › Documentação › Relaxamento › Estética	Novelas Ensaios Documentos	*Velocidade um pouco detida* para ampliar o campo da compreensão. Atenção difusa, salvo algum detalhe.

(continua)

(Quadro 4.3 – conclusão)

De estudo › Analisar › Refletir › Sintetizar › Assimilar	Livros didáticos Anotações Enciclopédias	**Equilíbrio entre a velocidade e a necessidade de compreensão**, não menos de 80% do lido. Rapidez e reflexão no mesmo nível. Atenção.
De análise › Dominar dados › Analisar › Memorizar › Contrastar	Listas Dados Princípios Definições	*Mínima velocidade* para chegar à compreensão e à assimilação total. Lentidão, repetição e máxima concentração.

4. Aplicações: da *formação... à prática*

4.1 Professor: *Ensine a estudar!*

> *Para atingir os objetivos desta unidade didática, propomos, como exemplo, as seguintes atividades para desenvolver aplicações práticas e o convidamos a realizar outras similares.*

1. Escreva um **comentário acerca** do soneto de Francisco de Quevedo sob a perspectiva do **valor instrumental da leitura** e comente suas conclusões com os alunos.
2. Realize um reconhecimento das **habilidades de leitura** de seus alunos, por um lado, e de seus **defeitos na leitura**, por outro. Depois, **comente seus resultados com os colegas** da equipe docente. E, por último, **defina atuações personalizadas** de melhoria com os alunos.
3. Analise os **tipos de leitura** que seus alunos podem utilizar na **prática do estudo**.
4. Combine com seus colegas da equipe docente de nível, de etapa ou de instituição de ensino um **plano estratégico que melhore** as habilidades de seus alunos na **prática da leitura**.
5. Elabore uma **relação de livros** que, por seu *conteúdo*, *inovação* e *atualidade*, possam **fomentar o interesse** de seus alunos **pela leitura**.

4.2 Aluno: *Aprenda a aprender!*

> Para atingir os objetivos desta unidade didática, propomos, como exemplo, as seguintes atividades para desenvolver aplicações práticas e o convidamos a realizar outras similares, todas elas com o objetivo de que os alunos cheguem a **aprender a aprender** por si mesmos. Complemente essas atuações propiciando aos alunos, de uma maneira eficiente, que realizem, de forma **autônoma**, **voluntária** e **habitual**, aplicações similares na prática de estudo.

1. Realize com seu grupo de alunos os **seguintes exercícios**: analisar as **condições e condutas** que favorecem a leitura veloz e compreensiva. Propor a **leitura silenciosa** de um texto específico. Realizar uma **prova de compreensão de leitura**.
2. Organize uma **dinâmica em sala de aula**, de tipo *role-play, representação teatral* ou *paródia*, na qual sejam representados com detalhes (também pode ser feito em tom de humor) os **condicionantes** que conduzem a uma **leitura eficaz**: *sensoriais, ambientais, atitude pessoal* etc.
3. Proponha aos alunos que se agrupem **de dois em dois**. Primeiro, um aluno lê um texto e o colega tem de reparar no **número de fixações de olhos** que realiza e anotá-las sem dizer nada. A seguir, trocam de papéis, lendo o mesmo texto. Finalmente, ambos verificam se entenderam suficientemente o conteúdo do texto e depois comentam as fixações que efetuaram.
4. Ensine aos alunos algumas **técnicas para melhorar a concentração na leitura**: *ir mais às ideias* que aos sinais, *cuidar do ambiente* externo e interno, *controlar os ruídos* externos e internos, melhorar o *nível de vocabulário*, controlar constantemente o *sujeito das orações*, revisar a *compreensão com os títulos dos* tópicos etc.
5. Ajude os alunos a confeccionar uma **lista das leituras** que vão realizando. Posteriormente, eles irão expor o **conteúdo** e as **vivências pessoais**, com o objetivo de **fomentar o interesse pela leitura**.

5. Bibliografia

BLAY FONTCUBERTA, A. (1971). *Curso completo de lectura rápida en 12 lecciones*. Barcelona, Iberia.

BRUNET GUTIÉRREZ, J. J. (1989). *Técnicas de lectura eficaz*. Madri, Bruño.

CUENCA ESTEBAN, F. (1987). *Cómo estudiar con eficacia: las claves del éxito académico y personal*. Madri, Escuela Española.

FRY, E. B. (1973). *Técnica de la lectura veloz: manual para el docente*. Buenos Aires, Paidós.

QUINTANAL DÍAZ, J. (1997). *La lectura. Sistematización didáctica de un plan lector*. Madri, Bruño.

QUINTANAL DÍAZ, J. e outros (1996). *Para leer mejor*. Madri, Bruño.

RICHAUDEAU, M. (1987). *Método de lectura rápida*. Bilbao, Mensajero.

VALLÉS ARÁNDIGA, A. (1991). *Técnicas de velocidad y comprensión lectora: adaptado al diseño curricular base de educación primaria*. Madri, Escuela Española.

ZIELKE, W. (1969). *Leer mejor y más rápido*. Bilbao, Deusto.

bibliografia geral

ALONSO TAPIA, J. (1987). *¿Enseñar a pensar? Perspectivas para la educación compensatoria.* Madri, Cide.

ÁLVAREZ, M. e FERNÁNDEZ, R. (1990). *Cuestionario de hábitos y técnicas de estudio: CHTE.* Madri, TEA Ediciones.

ÁLVAREZ, M.; FERNÁNDEZ, R.; RODRÍGUEZ, S. e BISQUERRA, R. (1988). *Métodos de estudio.* Barcelona, Martínez Roca.

AMORÓS, D. e LLORENS, M. (1986). "Los procedimientos". Cuadernos de Pedagogía, 139, 36-41.

ARAÚJO, J. B. e CHADWICK, C. B. (1988). *Tecnología educacional. Teorías de la instrucción.* Barcelona, Paidós.

AUSUBEL, D. P.; NOVAK, J. D. e HANESIAN, H. (1989). *Psicología cognitiva. Un punto de vista cognoscitivo.* México, Trillas.

BÁEZ e PÉREZ DE TUDELA, J. M.ª (1998). *Método y técnicas de estudio: manual para estudiantes.* Madri, Edinumen.

BAEZA LÓPEZ, J. (1981). *Métodos de estudio: manual de aplicación del IME.* Valladolid, Miñón.

_____. (1984). *Métodos de estudio.* Madri, Miñón.

BALCELLS, J. e COROMINA, E. (1989). *Papers de comunicació: lectures i tècniques d'estudi.* Barcelona, Teide.

BAUMAN, J. F. (1990). *La comprensión lectora (Cómo trabajar la idea principal en el aula).* Madri, Visor-Aprendizaje.

BENITO ALONSO, M.ª D. e LORENZO N. (2002). *Técnicas de estudio: guía del estudiante eficiente – cómo aprender más con el esfuerzo justo.* Barcelona: Océano.

BERNARDO CARRASCO, J. (1995). *Cómo aprender mejor: estrategias de aprendizaje.* Madri, Rialp.

BIGGE, M. L. (1977). *Teorías de aprendizaje para maestros.* México, Trillas.

BIXIO, C. (1999). *Enseñar a aprender: construir un espacio colectivo de enseñanza-aprendizaje.* Rosario (Argentina).

BLANCO PRIETO, F. (1994). *La evaluación en la Educación Secundaria.* Salamanca, Amaru.

BLAY FONTCUBERTA, A. (1971). *Curso completo de lectura rápida en 12 lecciones.* Barcelona, Iberia.

BOTTA, M. (2002). *Tesis, monografías e informes: nuevas normas y técnicas de investigación.* Buenos Aires, Biblos.

Brown, M. (2003). *Cómo estudiar con eficacia: manual de técnicas de estudio.* Madri, Tikal.
Bruner, J. (1978). *El proceso del pensamiento en el aprendizaje.* Madri, Narcea.
Brunet Gutiérrez, J. J. (1989). *Técnicas de lectura eficaz.* Madri, Bruño.
_____. (1983). *Cómo programar las técnicas de estudio en EGB: ejercicios prácticos.* Madri, San Pío X.
Burniaux, J. (1969). *El éxito escolar: los estudios y los ocios de 13 a 17 años.* Barcelona, Sucesores de J. Gili.
Burón Orejas, J. (1993). *Enseñar a aprender: introducción a la metacognición.* Bilbao, Mensajero.
Bustos Sánchez, I. (1994). *Procedimientos para mejorar la comprensión de textos de estudio.* Madri, Cepe.
Cano, M. (1990). *Tècniques d'aprenentatge i estudi: 1. De la lectura al resumen.* Barcelona, Graó. de Serveis Pedagògics.
Cantineaux, B. (1977). *Examen del método de trabajo (EMT).* Madri, ICCE.
Cañas Fernández, J. L. (1990). *Estudiar en la universidad hoy: (las técnicas eficaces, métodos, apuntes, trabajos, tesis, exámenes): (universitarios, COU-selectividad, cursos de acceso, Uned, profesores).* Madri, Dykinson.
_____. (2000). *Cómo estudiar en la Uned y redactar trabajos universitarios.* Madri, Dykinson.
Cañas Fernández, J. L. e Hernández, T. M. (1989). *Ayudar a auto-estudiar (teoría y práctica).* Madri, Narcea.
Capella, J. R. (1995). *El aprendizaje del aprendizaje, fruto prohibido: una introducción al estudio del Derecho.* Madri, Trotta.
Carro Sancristóbal, L. (1994). *Estrategias para el estudio y elaboración de trabajos en la universidad: una perspectiva para la investigación educativa.* Valladolid, ICE, Universidad de Valladolid.
Castillo Arredondo, S. (1982). *Agenda escolar del alumno.* Madri, Paidosique Promoción Educativa.
_____. (1987). *Técnicas de estudio: su didáctica e integración en el currículum.* Madri, Uned.
_____. (1999). *Orientación educativa: el consejo orientador al término de la EGB.* Madri, Cincel.
Castillo Ceballos, G. (1975). *Cómo aprender a estudiar.* Madri, Mundo Cristiano.
Castillo Valero, J. (*et al.*) (1992). *Técnicas y estrategias de trabajo intelectual.* Córdoba, Conselho de Educação e Ciência, Delegação Provincial, Equipe de Promoção e Orientação Educacional.

CASTRO POSADA, J. A. (1999). *Técnicas de estudio para universitarios: un reto para tu autoformación.* Salamanca, Amarú.

CHERRAIL MARTÍN, F. M.ª e PELARDA DE RUEDA, M.ª del P. M. (1987). *Técnicas de estudio: (graduado escolar).* Madri, Subdireção Geral de Educação a Distância.

CHICO GONZÁLEZ, P. (1981). *¿Sabes... quieres... puedes... estudiar?* Bujedo (Burgos), Centro Vocacional La Salle.

CLEMENTE CARRIÓN, A. *(et al.)* (1992). *Aprender a subrayar.* Madri, Siglo Veintiuno de España.

CLOUGH, E. (1988). *Técnicas de estudio y examen.* Madri, Pirámide, D. L.

COÉFFÉ, M. (1992). *Guía de estudio y aprendizaje.* Bilbao: Deusto.

COLL, C. e outros (1992). *Los contenidos en la reforma. Enseñanza y aprendizaje de conceptos, procedimientos y actitudes.* Madri, Santillana.

COLL-VINENT, R. (1984). *Introducción a la metodología del estudio.* Barcelona, Mitre.

COLOM, A.; SUREDA, J. e SALINAS, J. (1988). *Tecnología y medios educativos.* Madri, Cincel.

COLOM, R. (1995). *Tests, inteligencia y personalidad.* Madri, Pirámide.

_____. (1997). *Capacidades humanas.* Madri, Pirámide.

_____. (1998). *Psicologia de las diferencias individuales. Teoría y práctica.* Madri, Pirámide.

CORNELLA, A. (2000). *Cómo sobrevivir a la intoxicación.* Transcrição da conferência do ato de entrega de títulos dos programas de Formação de Pós-graduação do ano acadêmico 1999-2000 (http://www.infonomia.com/equipo/articulos/infoxicacion.pdf).

CORSI, A. e ONORATI, A. (1968). *Cómo estudiar sin cansancio.* Barcelona, De Vecchi.

COSTA, P. e CÉSPEDES, C. (1994). *Estudiante se hace, no se nace: taller para estudiar mejor.* Buenos Aires, Troquel.

CUENCA ESTEBAN, F. (1987). *Cómo estudiar con eficacia.* Madri, Escuela Española.

_____. (1987). *Cómo estudiar con eficacia: las claves del éxito académico y personal.* Madri, Escuela Española.

_____. (1994). *Las técnicas de estudio en la educación primaria: manual del profesor de 1.er, 2º y 3.er ciclo.* Madri, Escuela Española.

_____. (2000). *Cómo motivar y enseñar a aprender en educación primaria: método, estrategias y técnicas de aprendizaje.* Barcelona, CissPraxis.

DELORS, J. *(et al.)* (1996). *La educción encierra un tesoro.* Comissão Internacional sobre a Educação para o Século XXI. Madri, Santillana-Unesco.

DOMÍNGUEZ PELÁEZ, A. J. (2000). *Aprender a estudiar-2: método adaptado a las necesidades de cada alumno: educación secundaria obligatoria.* Valencia, Promolibro.

ELORRIAGA CRUZ, M.ª M. e outros (1979). *Técnicas de estudio en el aula*. Madri, Incie.

EQUIPO COUNSELING (1990). *Aprender a estudiar*: Barcelona, Edunsa.

ESPINOSA, J. M. (1997). *Geografía de la inteligencia humana: las aptitudes cognitivas*. Madri, Pirámide.

ESPINOSA, J. M.; COLOM, R. e QUIROGA, M.ª A. (Ed.). *La práctica de la psicología diferencial en educación, clínica y deportes*. Madri, Pirámide.

ESTÉVEZ NÉNNINGER, E. H. (2002). *Enseñar a aprender: estrategias cognitivas*. México, D.F.; Barcelona, Paidós.

FABER, A. (2002). *Cómo hablar para que sus hijos estudien en casa y en el colegio*. Barcelona, Médici.

FERNÁNDEZ POZAR, F. (1972). *Inventario de Hábitos de Estudio*. Madri, TEA Ediciones.

_____. (1975). *Curso de didáctica del estudio*. Jerez de la Frontera, Ministário da Educação e Ciência, Serviço de Orientação Escolar e Vocacional, Caja de Ahorros de Jerez de la Frontera.

FERNÁNDEZ, G. e GARCÍA, M. M. A. (1995). *Las técnicas de estudio en la educación secundaria: materiales teórico-prácticos*. Madri, Escuela Española.

FLANAGAN, K. (1998). *Lograr buenas notas con apenas ansiedad: guía básica para sobrevivir a los exámenes*. Bilbao, Desclée de Brouwer.

FLORY, J. (1973). *Sencillos consejos para estudiar*. Madri, Studium.

FREY, G. (1963). *El trabajo en grupos en la escuela primaria*. Buenos Aires, Kapelusz.

FRY, E. B. (1973). *Técnica de la lectura veloz: manual para el docente*. Buenos Aires, Paidós.

FRY, R. W. (2000). *Cómo estudiar mejor*: León, Everest.

GALL, M. D. (*et al.*) (1994). *Herramientas para el aprendizaje: guía para enseñar técnicas y habilidades de estudio*. Buenos Aires, Aique.

GAN, F. e PASAMONTES, M. (2001). *Técnicas de estudio e inteligencia emocional*. Barcelona, Apóstrofe.

GANDÍA AGÜERA, J. (1988). *Curso de técnicas de estudio y hábitos de trabajo escolar*. Cartagena (Murcia), Centro de Profesores de Cartagena-La Unión.

GARCÍA ARETIO, L. (Coord.), CASTILLO ARREDONDO, S. (*et al.*) (1997). *Aprender a distancia. Estudiar en la Uned*. Madri, Uned, Instituto Universitário de Educação a Distância.

GARCÍA BLANCO, J. (1997). *Técnicas de trabajo intelectual: materiales sobre el aprendizaje durante la adolescencia*. Valencia, Promolibro.

GARCÍA CARBONELL, R. (1987). *Estudiemos sin esfuerzo: nuevo método de motivación, estudio, atención-concentración y memoria*. Madri, Edaf.

GARCÍA-HUIDOBRO, B. C. (1999). *A estudiar se aprende: metodología de estudio sesión por sesión*. México, D.F., Alfaomega.

GIMÉNEZ TORRALBA, B. (1989). *Curso sobre técnicas de estudio*. Sabiñánigo (Huesca), Centro de Profesores de Sabiñánigo.

GOVERNO VASCO (2003). *Libro blanco del aprendizaje a lo largo de toda la vida*. Vitoria-Gasteiz. <www.euskadi.net/etengabeikasi/zpdf/epa_c.pdf>.

GOLEMAN, D. (1995). *Inteligencia emocional*. Barcelona, Kairós.

GOMARIZ VICENTE, M.ª A. (*et al.*) (2001). *Iniciación al estudio universitario*. Murcia, DM.

GÓMEZ SÁNCHEZ, P. C. e outros (1991). *T.T.I.: programas de técnicas de trabajo intelectual, manual para el profesor*. Madri, EOS.

GROS, B. (Coord.) (1997). *Diseños y programas educativos*. Barcelona, Ariel.

GUERRA, H. e MCCLUSKEY, D. (1993). *Cómo estudiar hoy*. México, Trillas.

GUILLÉN DE REZZANO, C. (1962). *Los Centros de interés en la escuela*. Buenos Aires. Losada.

GUINERY, M. (1971). *Aprender a estudiar*. Barcelona, Fontanella.

GUITTON, J. (1977). *El trabajo intelectual: consejos a los que estudian y a los que escriben*. Madri, Rialp.

HEIMLICH, J. E. e PITTELMAN, S. D. (1990). *Los mapas semánticos: estrategias de aplicación en el aula*. Madri, Visor: Ministério da Educação e Ciência.

HERNÁNDEZ, P. e GARCÍA, L. A. (1991). *Psicología y enseñanza del estudio*. Madri, Pirámide.

_____. (1991). *Psicología y enseñanza del estudio: teorías y técnicas para potenciar las habilidades intelectuales*. Madri, Pirámide.

_____. (1997). *Enseñar a pensar: un reto para los profesores*. La Laguna, Tafor.

HERNÁNDEZ PINA, F. (1990). *Aprendiendo a aprender métodos y técnicas de estudio para alumnos de E.G.B. y enseñanzas medias*. Murcia, F. Hernández Pina.

HERNÁNDEZ PINA, F. e MONDÉJAR ROMERO, F. (1987). *Técnicas para estudiar con eficacia (para alumnos de EBG. BUP, FP)*. Barcelona, Promociones y Publicaciones Universitarias.

HERNÁNDEZ PINA, F., SERRANO PASTOR, F. J. e OREÑA CASTILLO, N. (1993). *Aprendiendo a aprender: Guía didáctica para profesores*. Murcia, Grupo Distribuidor Editorial.

HERNÁNDEZ PINA, F. e outros (1993). *Aprendiendo a aprender: guía didáctica para profesores*. Murcia, Compobell.

HERRÁN GASCÓN, A. de la (Coord.) (2003). *Guías didácticas para la formación de maestros: cuatro temas transversales universitarios (educación en valores, creatividad. metodología de enseñanza, ayuda al estudio)*. Huelva, Regué.

HERRÓZ LEÓN, G. (1988). *El arte de aprender a estudiar*. México, Trillas.

HOLT, J. (1980). *El fracaso de la escuela*. Madri, Alianza.

Howe, A. (1988). *Cómo estudiar*. Bilbao, Deusto.
Ibáñez Benet, R. (*et al.*) (1983). *Eficacia en el estudio*. Madri, Anaya.
Ibáñez López, P. (1975). *Aprenda a estudiar*. Valladolid, Lex Nova.
Illueca, L. (1971). *Cómo enseñar a estudiar*. Madri, Magisterio Español.
Jensen, E. (1997). *Los secretos del éxito en el estudio*. Barcelona, Martinez Roca.
Jiménez Ortega, J. (1994). *Método práctico de técnicas de estudio: programa para la educación secundaria. Guía para el profesor*. Madri, Visor.
_____. (1998). *En primaria aprende a aprender, 3. Aprende a desarrollar la memoria*. Madri, Visor.
Jiménez Ortega, J. e Alonso Obispo, J. (1996). *En primaria aprende a aprender, 1. Aprende a ordenar tu lugar de estudio, organizar el horario, prepararte para estudiar*. Madri, Visor.
Jiménez Ortega, J. e Alonso Obispo, J. (1997). *En primaria aprende a aprender, 2. Aprende a desarrollar tu velacidad y comprensión lectora*. Madri, Visor.
Jiménez Ortega, J. e González Torres, J. (1998). *En primaria aprende a aprender, 4. Aprende a descubrir las ideas principales y tomar notas al margen*. Madri, Visor.
Jiménez Ortega, J. e Obispo, J. A. (1996). *En primaria aprende a aprender, 8. Aprende a elaborar mapas conceptuales*. Madri, Visor.
Jiménez Ortega, J. e Sousa Salguero, F. (2000). *En primaria aprende a aprender, 5. Aprende a subrayar*. Madri, Antonio Machado Libros.
Jiménez Ortega, J. (*et al.*) (1994). *Método práctico de técnicas de estudio: programa para la educación secundaria. Material para el alumno*. Madri, Visor.
_____. (1995). *¡No más fracaso escolar!: aprende a estudiar con tus padres. Material para el hijo/alumno*. Madri, Visor.
_____. (1995). *¡No más fracaso escolar!: enseñe a estudiar a sus hijos. Guía para padres/profesores*. Madri, Visor.
Kampmüller, O. (1977). *Cómo obtener éxito en el estudio*. Buenos Aires, Kapelusz.
Kaye, B. (1972). *Trabajo de grupo en las escuelas secundarias y capacitación de los profesores en sus métodos*. Buenos Aires, El Ateneo.
Ketele, R. de (*et al.*) (1991). *Cuestiones de método: cómo estudiar en la universidad*. Pamplona, EUNSA.
Knowles, M. S. (1982). *El estudio autodirigido: guía para estudiantes y profesores*. México D.F, Alhambra Mexicana.
Lemaitre, P. e Maquere, F. (1987). *Técnicas para saber aprender*. Bilbao, Deusto.
Lerma Jasso, H. (1992). *¿Qué tipo de alumno soy?: una guía para mejorar en el estudio*. México, Trillas.
Locke, E. A. (1987). *Guía para estudiar*. México, Diana.

LOFFICIER, A. (1994). *Éxito en los estudios: 3 actitudes imprescindibles para el estudiante.* Madri, Narcea.

LÓPEZ RUPÉREZ, F. (1987). *Cómo estudiar física: guía para estudiantes.* Madri, Ministério da Educação e Ciência; Barcelona, Vicens-Vives.

MADDOX, H. (1973). *Cómo estudiar.* Vilassar de Mar (Barcelona), Oikos-Tau.

MAHILLO MONTE, J. (2001). *¿Sabes estudiar?* Madri, Espasa Calpe.

MAN, F. e PASAMONTES, M. (2000). *Técnicas de estudio e inteligencia emocional.* Barcelona, Apóstrofe.

MANNING, S. R. (1998). *Cómo ser un gran estudiante de matemáticas: el dominio de las matemáticas.* México, International Thomson.

MÁRQUEZ, E. (1990). *Hábitos de estudio y personalidad: curso para mejorar la actividad escolar.* México, Trillas.

MARTÍ, E. (1992). *Aprender con ordenadores en la escuela.* Barcelona, ICE-Horsori.

MARTÍN PATINO, J. M., BELTRÁN LLERA, J. A., PÉREZ SÁNCHEZ, L. (2003). *Cómo aprender con internet.* Madri, Fundación Encuentro.

MARTÍN RODRÍGUEZ, J. A. (1975). *Cuestionario de hábitos y actitudes escolares.* Alfa. Madri, Cospa.

MARTÍNEZ DÍAZ, C. E. (1990). *Orientaciones sobre cómo estudiar para aprender.* Belmonte (Cuenca), Centro de Profesores.

MARTÍNEZ DÍAZ, M. (1988). *Tú decides: elección de carreras profesionales/M.* Martínez Díaz, Victor Palacios Lasanta, Alfonso Valverde León. Madri, Montena Aula.

MARTÍNEZ RUIZ, E. (et al.) (1989). *La Historia y las ciencias humanas: didáctica y técnicas de estudio.* Madri, Istmo.

MASLOW, A. (1975). *Motivación y personalidad.* Barcelona, Sagitario.

MATTOS, L. A. (1961). *Compendio de Didáctica.* Buenos Aires, Kapelusz.

MAYO, W. J. (1980). *Cómo leer, estudiar y memorizar rápidamente.* Madri, Playor.

_____. (1989). *Lectura activa.* Madri, Playor.

MAYOR, J.; SUENGAS, A. e GONZÁLEZ MARQUÉS, J. (1993). *Estrategias metacognitivas. Aprender a aprender y aprender a pensar.* Madri, Síntesis.

MCCLELLAND, D. (1989). *Estudio de la motivación humana.* Madri, Narcea.

MEC. (1970). *Ley General de Educación.* Madri, Centro de Publicações do MEC.

_____. (1970). *Normas de aplicación y desarrollo.* Madri, Centro Publicações do MEC.

_____. (1973). *Orientaciones Pedagógicas para la EGB.* Madri, Centro de Publicações do MEC.

_____. (1985). *Anteproyecto para la reformulación de las enseñanzas del ciclo medio de la EGB.* Madri, Centro de Publicações do MEC.

_____. (1987). *Proyecto para la Reforma de la Enseñanza: propuesta para debate.* Madri, Centro de Publicações do MEC.

MEC. (1989). *Diseño Curricular Base*. Madri: MEC.

_____. (1989). *Libro Blanco para la Reforma de la Enseñanza*. Madri, Centro de Publicações do MEC.

_____. (1990). *Ley Orgánica de Ordenación General del Sistema Educativo*. Madri, Centro de Publicações do MEC.

_____. (2002). *Ley Orgánica 10/2002, de 23 de diciembre, de Calidad de la Educación*. BOE de 24 de diciembre.

MEENES, M. (1975). *Cómo estudiar para aprender*: Buenos Aires, Paidós.

MENA MERCHÁN, B. (1989). *La eficacia en la educación de adultos (metodología práctica)*. Madri, Escuela Española.

MERCHÁN, F. J. e GARCÍA, F. F. (1990). *Proyecto Guadalquivir: para comprender la historia*. Sevilla, Oromana.

MINGO SARTO, L. A. DE (1992). *Aprende a estudiar: método audiovisual*. Sigüenza (Guadalajara), CEP de Sigüenza.

MIRA Y LÓPEZ, E. (1967). *Cómo estudiar y cómo aprender*. Buenos Aires, Kapelusz.

MONEREO, C. (Comp.) (1990). *Jornadas de Estudio sobre Estrategias de Aprendizaje* (1. Barcelona): *Enseñar a aprender y a pensar en la escuela*: Proposta das Primeiras Jornadas de Estudo sobre Estratégias de Aprendizagem. Madri, Infancia y Aprendizaje.

MONEREO, C. (1992). *Aprendo a pensar. Manual del profesor*. Madri: Pascal.

MONEREO, C. (Coord.) (2000). *Estrategias de enseñanza y formación del profesorado y aplicación en la escuela*. Barcelona, Graó.

MONEREO, C. e CASTELLÓ, M. (1997). *Las estrategias de aprendizaje. Cómo incorporarlas a la práctica educativa*. Barcelona, Edebé.

MONERERO FONT, C. (Coord.). *Tomar apuntes: un enfoque estratégico*. Madri, Antonio Machado Libros.

MONTERDE MAINAR, F. (1989). *Guía práctica de técnicas de estudio: para padres, educadores y estudiantes*. Barcelona, PPU: Instituto Monter para o Desenvolvimento da Inteligência.

MORENO MARTÍNEZ, A. (2002). *Técnicas y estrategias para afrontar el estudio de manera eficaz*. Archidona (Málaga), Aljibe.

MORGAN, C. T. e DEESE, J. (1966). *Cómo estudiar*. Madri, Magisterio Español.

MUTH, K. D. (1995). *El texto expositivo: estrategias para su comprensión*. Buenos Aires, Aique.

NAVARRO, P. (2003). *Mis claves del éxito para estudiar mejor*. Barcelona, Planeta.

NÉRICI, I. G. (1988). *Educación y madurez: análisis del fracaso escolar*. Barcelona, Humanitas.

NICKERSON, R. S., PERKINS, D. N. e SMITH, E. E. (1987). *Enseñar a pensar. Aspectos de la aptitud intelectual*. Barcelona, *Paidós/MEC*.

Nisbet, J. e Schucksmith, J. (1987). *Estrategias de aprendizaje*. Madri, Santillana.

Noguerol, A. (1994). *Técnicas de aprendizaje y estudio: aprender en la escuela*. Madri, Graó.

Novack, J. e Gowin, B. (1988). *Aprendiendo a aprender*. Barcelona, Martínez Roca.

O'Brien, D. (2003). *Cómo aprobar los exámenes: guía práctica para aumentar la memoria y alcanzar el éxito en los estudios*. Barcelona, Oniro.

Oliver, P. (1999). *Estudiar con éxito*. Madri, Pirámide.

Ontoria Peña, A. e outros (2003). *Aprender con mapas mentales: una estrategia para pensar y estudiar*. Madri, Narcea.

Orr, F. (1990). *El estudio a tiempo parcial: guía practica de autoayuda*. Madri, Deusto.

Pallarés Molins, E. (1987). *Didáctica del estudio y de las técnicas de trabajo intelectual*. Bilbao, Mensajero.

Pansza, M. e Hernández S. (1990). *El estudiante: técnicas de estudio y aprendizaje*. México, Trillas.

Parsons, C. (1981). *Cómo estudiar con eficacia*. Madri, Cincel.

Pauk, W. (2002). *Estrategias de estudio*. Madri, Pearson-Prentice Hall.

Pérez Avellaneda, M. (1989). *Enseñar a estudiar*. Madri, Escuela Española.

_____. (1989). *Enseñar a estudiar (Programación de técnicas de estudio en Educación Básica y Enseñanzas Medias)*. Madri, Escuela Española.

Pérez Avellaneda, M. (Coord.) (1996). *Evaluación de contenidos de procedimiento*. Madri, Cepe.

Pérez Avellaneda, M. e outros (1998). *DIE. Diagnóstico Integral del Estudio*. Madri, TEA.

Pérez Taboada de Tappata, N. (1981). *Estudio dirigido: teoría, práctica e investigación sobre el cultivo de habilidades para estudiar*. Buenos Aires, Troquel.

_____. (1998). *Cómo estudiar eficazmente: guía práctica*. Buenos Aires, Ateneo.

Pesquera, J. G. (1990). *Manual práctico del estudiante vago (técnicas de estudio y trabajo, saber aprobar, antes copiar que suspender)*. Madri, Pirámide.

Piattelli-Palmarini, M. (1992). *Las ganas de estudiar: cómo conseguirlas y disfrutar con ellas*. Barcelona, Crítica.

Pommerenck, A. M.ª (1968). *Metodología del trabajo por equipos: de aplicación en los niveles primario y secundario*. Buenos Aires, Córdoba.

Powell, S. (2003). *Volver a estudiar: una guía imprescindible para profesionales que quieran mejorar su capacitación*. Barcelona, Gedisa.

Pozar, F. F. (1983). *Inventario de hábitos de estudios: I.H.E., manual*. Madri, TEA.

Quesada Castillo, R. (1991). *Ejercicios para administrar el tiempo*. México, Limusa, Noriega.

QUESADA CASTILLO, R. (1991). *Ejercicios para elaborar guías de estudio.* México, Limusa, Noriega.

_____. (1991). *Ejercicios para elaborar resúmenes y cuadros sinópticos.* México, Limusa, Noriega.

_____. (1991). *Ejercicios para escuchar con atención y tomar apuntes.* México, Limusa, Noriega.

_____. (1991). *Ejercicios para leer para aprender.* México, Limusa, Noriega.

_____. (1991). *Ejercicios para preparar exámenes.* México, Limusa, Noriega.

_____. (1991). *Ejercicios para preparar informes escritos.* México, Limusa, Noriega.

_____. (1991). *Ejercicios para preparar informes orales.* México, Limusa, Noriega.

QUINTANAL DÍAZ, J. (1997). *La lectura. Sistematización didáctica de un plan lector.* Madri, Bruño.

QUINTANAL DÍAZ, J. e outros (1996). *Para leer mejor.* Madri, Bruño.

QUINTERO MÁRQUEZ, L. (1990). *Hábitos de estudio: guía practica de aprendizaje.* México, Trillas.

RACE, P. (2003). *¡Ponte las pilas!: cómo superar el último año de carrera y prepararse para entrar en el mundo laboral.* Barcelona, Gedisa.

RAMOS, M. P. (1998). *Todo lo que Ud. necesita saber sobre el fracaso escolar de sus hijos.* Barcelona, Inforbook's.

REY BÉJAR, F. (1929). *El arte de estudiar.* Málaga, Imprenta Zambrana.

RIART I VENDRELL, J. (1984). *Las técnicas del tiempo de estudio personal: guía de estudio para estudiantes de 13 a 16 años.* Madri, Oikos-Tau.

RICHAUDEAU, F. e GAUQUELIN, M. (1987). *Método de lectura rápida.* Bilbao, Mensajero.

ROCHA BARRAL, E. (1989). *Cómo estudiar biología: guía para estudiantes.* Barcelona, Vicens-Vives.

ROJAS RAMOS, A. (1983). *¿Estudias así?* Valladolid, Caja de Ahorros Popular.

ROS AMADOR, C. (2001). *Los estudios y el desarrollo intelectual.* Madri, Palabra.

ROTGER AMENGUAL, B. (1981). *Las técnicas de estudio en los programas escolares.* Madri, Cincel: Kapelusz.

_____. (1985). *Las técnicas de estudio en los programas escolares.* Madri, Cincel-Kapelusz.

ROWNTREE, D. (1976). *Aprende a estudiar.* Barcelona, Herder.

_____. (1985). *Aprende a estudiar: introducción programada a unas mejores técnicas de estudio.* Barcelona, Herder.

RÜCKER-VENNEMANN, U. (2002). *Aprender a estudiar: técnicas para enseñar a los niños a concentrarse en los estudios.* Barcelona, Oniro.

SAAVEDRA ESTEBAN, J. J. (1987). *Técnicas para progresar en el estudio.* Madri, Escuela Española.

_____. (1988). *Cómo concentrarse en el estudio: ejercicios prácticos para los alumnos de E.G.B. y las Enseñanzas Medias*. Madri, Escuela Española.

SALVADOR YAGÜE, A. (1984). *Kronos: guía práctica para el estudio de la historia y el arte*. Madri, Dossat.

SÁNCHEZ, M.ª L. (1991). *Cómo estudiar*: Madri, Granada.

SANTOSTEFANO, S. (1990). *Terapia de control cognitivo en niños y adolescentes*. Madri, Pirámide.

SCHWARTZ, E. M. (1981). *Cómo mejorar las calificaciones escolares de su hijo*. México, Diana.

SELMES, I. (1988). *La mejora de las habilidades para el estudio*. Barcelona, Paidós; Madri, Centro de Publicações do MEC.

SERRATE, R. (1998). *Ayúdale a estudiar: las claves del éxito escolar. Una guía para padres*. Madri, Temas de Hoy.

SHORES, F. e GRACE, C. (2003). *El porfolio paso a paso*. Barcelona, Graó.

SIMÓN GALINDO, M. e OUTROS (1983). *Los medios didácticos para la enseñanza práctica de geografía e historia en bachillerato*. Cáceres, Universidad de Extremadura, Instituto de Ciências da Educação.

SIVADON, P. e FERNÁNDEZ-ZOILA, A. (1994). *Tiempo de trabajar, tiempo de vivir. Psicopatología de sus ritmos*. Barcelona, Herder.

SKINNER, B. F. (1985). *Aprendizaje y comportamiento*. Barcelona, Martinez-Roca.

SOLOMON, C. (1987). *Entornos de aprendizaje con ordenadores*. Barcelona, Paidós-MEC.

STATON, T. F. *(1969) Cómo estudiar*. México, Trillas.

TIERNO, B. (1984). *El fracaso escolar*. Barcelona, Plaza & Janés.

_____. (1993). *Del fracaso al éxito escolar*. Barcelona, Plaza & Janés.

_____. *Cómo estudiar con éxito*. Barcelona, Plaza Joven.

_____. *Aprobar el curso: guía para planificar bien tus estudios*. Madri, Temas de Hoy.

TITONE, R. (1966). *Metodología didáctica*. Madri, Rialp.

TORRE PUENTE, J. C. (1994). *Aprender a pensar y pensar para aprender: estrategias de aprendizaje*. Madri, Ministério da Educação e Ciência: Narcea.1 pasta (86, 77 p.): (Materiais 12-16 para Educação Secundária. Orientação e monitoria).

TORRE TOMÁS, M.ª C. de la (1978). *Técnicas de estudio*. Salamanca, Anaya,

TORT GAVÍN, A. (1973). *Dinámica y técnica del estudio: el trabajo intelectual en la educación personalizada*. Madri, Publicaciones ICCE.

TOURÓN, J. (1989). *Métodos de estudio en la universidad*. Pamplona, Eunsa.

TRIGO ARANDA, V. (2003). *¡Aprobar es fácil!, y sacar nota, más aún*. Madri, Pearson-Prentice Hall.

TROTTER, M. (2000). *Estrategias de superaprendizaje: aprendizaje significativo de manera sencilla. agradable y eficaz para desarrollar el potencial intelectual*. México D.F., Alfaomega.

_____. (2002). *Aprendizaje inteligente: optimice su potencial intelectual*. México D.F., Alfaomega.

UBIETO ARTETA, A. (1981). *Técnicas básicas para el estudio*. Zaragoza, ICE, Universidad de Zaragoza.

VALLE ARIAS, A. e GONZÁLEZ CABANACH, R. (1998). *Psicología de la educación, I: variables personales y aprendizaje escolar*. La Coruña, Universidade da Coruña, Servicio de Publicacions.

VALLÉS ARÁNDIGA, A. (1991). *Técnicas de velocidad y comprensión lectora: adaptado al diseño curricular base de educación primaria*. Madri, Escuela Española.

_____. (1996). *Guía de actividades de recuperación y apoyo educativo: dificultades de aprendizaje*. Madri, Escuela Española.

VALLS, E. (1993). *Los procedimientos: aprendizaje, enseñanza y evaluación*. Barcelona, ICE, Universitat: Horsori.

VELÁZQUEZ, F.; LOZANO, G.; ESCALANTE, J. e RIPOLLÉS, M. (1997). *Manual de Ergonomía*. Madri, Ed. Mapfre.

VIANA ARROYO, T. (1991). *El Profesor-tutor: consideraciones para mejorar la acción tutorial*. Valencia, Ediciones Blázquez.

VIZCARRO GUARCH, C. (1995). *Estrategias de estudio en alumnos de BUP y universidad (Microforma): elaboración de un instrumento de evaluación*. Madri, Ediciones de la Universidad Autónoma de Madri.

VYGOTSKI, L. S. (1979). *El desarrollo de los procesos psicológicos superiores*. Barcelona, Crítica.

WISNER, A. (1988). *Ergonomía y condiciones de trabajo*. Ed. Humanitas, Buenos Aires.

WRENN, G. (1955). *Sugestiones a los estudiantes de escuelas secundarias sobre la mejor forma de estudiar*. México, Secretaria da Educação Pública.

YUSTE HERNÁNDEZ, C. (1986). *Cuestionario de estudio y trabajo intelectual* (CETI). Nivel Medio y Superior. Madri, Cepe.

YUSTE HERNANZ, C. e VALLES ARANDIGA, A. (1991). *Ejercicios prácticos cómo estudiar/2: ciclo superior E. G. B. 6º – 7º – 8º/1º B. U. P./1º F. P.* Madri: Cepe.

ZABALA, A. (1995). *La práctica educativa, cómo enseñar*. Barcelona, Graó.

ZEBALLOS BARRIOS, C. O. (2004). *Producción intelectual superior*. Arequipa, Universidad Católica Santa María.

ZENHAS, A. (*et al.*) (2002). *Enseñar a estudiar, aprender a estudiar*. Madri, Narcea.

ZIELKE, W. (1969). *Leer mejor y más rápido*. Bilbao, Deusto.

ZÚÑIGA DIÉGUES, G. A. (1991). *Introducción a las técnicas de estudio e investigación: cuaderno de estudio y trabajo para ser usado por alumnos de quinto y sexto grados de primaria*. Guatemala, Óscar de León Palacios.

bibliografia na internet

I Congreso Internacional de Educared (2001) (http://www.campusred.net/aulaabierta/asp/congresoeduca.asp).

ADELL, J. (2003). *Internet en el aula: A la caza del tesoro*. Edutec. Revista Electrónica de Tecnologia Educativa. n. 16, abril. (http://edutec.rediris.es/Revelec2/revelec16/adell.htm).

ALONSO GARCÍA, C. M.ª e GALLEGO GIL, D. (2002). *WebQuest, una propuesta pedagógica para el uso de Internet*. Uned. Cemav, Emisión radiofônica (http://www.uned.es/cemav/radio.htm).

CORNELLA, A. (2000). *Cómo sobrevivir a la infoxicación*. Transcrição da conferência do ato de entrega de títulos dos programas de Formação de Pós-graduação do ano acadêmico (http://www.infonomia.com/equipo/articulos/infoxicacion.PDF).

INSTITUTO IDEA E EDICIONES SM (2003). *Tecnología y Aprendizaje. Investigación sobre el impacto del ordenador en el aula* (http://www.ti.profes.net/apieaula2.asp?id_contenido=40562).

LE PROJET PROXIMA, *Pour une appropriation de l'Internet à l'Ecole et dans les Familles* (http://www.educnet.education.fr/plan/proxima.htm).

MARQUÈS, P. (2004b). *Cambios en los centros educativos: una metamorfosis hacia la escuela del futuro* (http://dewey.uab.es/pmarques/perfiles.htm).

MARTÍN PATINO, J. M., BELTRÁN LLERA, J. A. e PÉREZ SÁNCHEZ, L. (2003). *Cómo aprender con Internet*. Madri: Fundación Encuentro (http://www.educared.net/Innovacion Pedagogica/htm/modelocait_parametros.htm).

Os papéis utilizados neste livro, certificados por instituições ambientais competentes, são recicláveis, provenientes de fontes renováveis e, portanto, um meio responsável e natural de informação e conhecimento.

FSC
www.fsc.org
MISTO
Papel produzido a partir de fontes responsáveis
FSC® C103535

Impressão: Reproset
Maio/2022